인문학시민강좌 02

우리 안의 타자, 동아시아

인하대학교 한국학연구소 편

글로벌콘텐츠

인문학시민강좌 02
우리 안의 타자, 동아시아

© 인하대학교 한국학연구소, 2011 Printed in Incheon, Korea

1판 1쇄 발행 ‖ 2011년 04월 30일
1판 2쇄 발행 ‖ 2011년 11월 20일

엮은곳 ‖ 인하대학교 한국학연구소
주　소 ‖ 인천시 남구 용현동 253번지 한국학연구소 (5남 138호)
전　화 ‖ 032-860-8475
홈페이지 ‖ www.inhakoreanology.kr

펴낸이 ‖ 홍정표
이　사 ‖ 양정섭
디자인 ‖ 김미미
기획·마케팅 ‖ 노경민
경영지원 ‖ 최정임

펴낸곳 ‖ 글로벌콘텐츠
등　록 ‖ 제25100-2008-24호
공급처 ‖ (주)글로벌콘텐츠출판그룹
주　소 ‖ 서울특별시 강동구 길동 349-6 정일빌딩 401호
전　화 ‖ 02-488-3280
팩　스 ‖ 02-488-3281
홈페이지 ‖ www.gcbook.co.kr
이메일 ‖ edit@gcbook.co.kr

값 11,000원
ISBN 978-89-93908-28-2 04300
　　　978-89-93908-12-1 (set)

냉전시대가 저문 지도 한참 되었지만, 21세기 동아시아는 여전히 격변 속에 유동하고 있습니다. 한국과 일본, 일본과 중국, 러시아와 일본 사이의 영토분쟁이 계속되는 한편으로, 동아시아의 근대 역사상을 둘러싸고 치열한 역사전쟁이 저류에 흐르고 있습니다. 미국과 어깨를 견줄 만한 중국의 부상으로 G2시대가 도래하여 바야흐로 동아시아에 새로운 격변을 예감케 합니다. 동아시아의 한가운데 위치한 한반도의 미래는 이미 19세기에 목도했던 것처럼, 이들 이웃 국가들의 행보와 깊은 관련 속에 서서히 모습을 드러낼 것입니다. 오늘 우리가 동아시아의 문제를 인문학의 주요한 주제로 제기하는 이유가 바로 여기에 있습니다.

인하대학교 한국학연구소는 1986년 설립된 이래 어학, 문학, 역사, 철학, 종교, 문화를 중심으로 한국학의 제반 학문분야에 대한 연구를 수행해 왔습니다. 2007년부터는 '동아시아 상생과 소통의 한국학 Koreanology for East-Asia

Community'이라는 아젠다^{Agenda}를 가지고 공동연구를 진행하고 있습니다. 우리 연구소는 이러한 아젠다를 인천지역 시민과 소통하기 위해 연구소의 젊은 연구역량을 모아 2009년 하반기부터 〈인천시민인문학강좌〉를 시작하였습니다. 본 강좌는 우리 연구진의 진취적인 문제의식을 시민과 함께 호흡하면서 인문학의 사회적 소통을 도모하고자 기획한 것입니다.

이번에 책으로 묶이는 2010년 하반기 강좌는 "동아시아와 한국의 상생을 위하여"라는 주제 아래 지난 9월 14일 개강하여 12월 21일까지 총 8강이 진행되었습니다. 인문학의 콘텐츠는 우리 연구소에서 제공하고, 인프라는 인천광역시립박물관에서 마련하고, 시민사회로 확산시키는 일은 경인일보사의 기획보도를 통해 진행하는 등 시민강좌 운영을 위해 세 기관은 유기적으로 협조하고 있습니다. 이 자리를 빌어 장성욱 인천광역시립박물관장님, 박영복 경인일보 사장님께 감사의 말씀을 드립니다. 또한 강좌를 기획하고 진행한 우리 연구소 이희환 연구교수와 운영을 위해 애써준 인천광역시립박물관 배성수 과장, 안성희 학예사, 기획보도를 위해 애써준 경인일보 정진오 기자님의 노고에도 감사의 말씀을 전합니다.

2011년 3월에도 저희 연구소에서는 두 기관과 협력 아래, "21세기의 눈으로 본 한국학"이라는 주제로 강좌를 진행하고 있습니다. 앞으로도 〈인천시민인문학강좌〉는 인문학일반, 동아시아학, 한국학, 인천학 등 크게 네 분야에서 세부주제를 선정하여 1년에 두 차례씩 지속적으로 개최할 예정입니다. 부디 "인천-한반도-동아시아-세계"를 잇는 시민적 교양의 너른 마당이 되기를 기대합니다. 인천시민 여러분들의 적극적인 관심과 질정을 바랍니다.

2011년 4월
인하대학교 한국학연구소장 이영호

〈간행사〉 ·· 03

근대 동아시아, 대립과 반목의 역사 · 이희환 ·············· 07
– 인천이 경험한 근대전쟁을 중심으로

청제국의 유산과 중국의 21세기 · 이준갑 ················· 53

한국근현대사의 미국인들 · 안종철 ························· 89
– 제국주의 앞잡이인가? 한국의 친구인가?

전통문학을 통해 본 일본의 모습 · 임용택 ················ 119
– '와카', '하이쿠', '무카시바나시'의 세계

한국과 베트남의 교류, 인천과 하이 퐁 · 윤대영 ··········· 157

한류를 통해서 본 동아시아와의 문화교류 · 김만수 ······ 197

동아시아 담론, 동아시아라는 사유공간 · 류준필 ········· 233
– 창비 그룹의 논의를 중심으로

근대 동아시아, 대립과 반목의 역사

– 인천이 경험한 근대전쟁을 중심으로

이희환

한국외국어대학교 정치외교학과를 졸업하고 인하대학교 대학원 국문과에서 박사학위를 받았다. 지은 책으로 『인천문화를 찾아서』, 『김동석과 해방기의 문학』, 『인천아 너는 엇더한 도시?: 근대도시 인천의 역사·문화·공간』, 『이방인의 눈에 비친 제물포: 인천개항사를 통해 본 식민근대』 등이 있고 엮은 책으로 『인천 배다리: 시간·장소·사람들』 『김동석비평선집』 등이 있다. 현재 인하대학교 한국학연구소 HK연구교수.

근대 이전 동아시아 지역은 중원을 차지한 제국을 중심
으로 국제적 질서가 자리하면서 중원이 요동할 때마다
동아시아 전쟁이 발발하였다. 그러나 19세기 중반에 이
르러 서구 국가들이 자본주의 물질문명을 구축하고 식민
지를 개척하는 과정에서 아시아에 상륙함으로써 동아시
아 국제질서는 크게 요동한다. 이후 동아시아에는 전통
적인 중화체제를 대신하는 새로운 근대체제가 크고 작은
전쟁과 조약을 통해 강제되었다.

근대 동아시아, 대립과 반목의 역사[*]
– 인천이 경험한 근대전쟁을 중심으로

근대 동아시아의 전쟁과 조약체제

동아시아라는 지역 개념은 흔히 동북아시아 개념과 혼용되어 사용되곤 한다. 동북아시아의 삼국인 한·중·일이 부상하면서 동아시아를 동북아시아 지역으로 한정하는 용법이 많아진 것이 사실이다. 하지만 동아시아의 지리적 범위는 동남아시아와 동북아시아를 아우르는 개념으로 사용할 때 보다 역사적 실상을 풍부하게 이해할 수 있을 터이다. "동아시아와 한국, 상생을 향하여"라는 이번 강좌의 전체 주제가 가리키는 동아시아의 지역적 범위는 동남아시아 지역을 포괄하는 광의의 지역개념으로 설

---

* 이 글은 필자가 최근에 펴낸 『이방인의 눈에 비친 제물포—인천개항사를 통해 본 식민근대』(인천문화재단, 2011)의 내용 중 일부를 강좌의 취지에 맞게 재정리한 것임을 밝혀 둔다.

정하고 그 역사적 실상을 다양한 측면에서 찾아보려는 기획이다.

그러나 이 글에서 지칭하는 동아시아는 좁은 의미의 동아시아 즉 동북아시아 삼국에 한정하려고 한다. 또한 조선이 경험한 근대전쟁을 조선의 해문 요충인 인천의 경험에 한정하여 논의하려고 한다. 이는 물론 연찬이 부족한 필자의 한계이기도 하다. 그러나 인천이 경험한 근대전쟁을 통해서 거대담론으로는 실감하지 못하는 동아시아 삼국간의 대립과 반목의 실상을 구체적으로 체감할 수도 있을 것이다. "좁은 범위의 동아시아 즉, 한·중·일의 역사적 지층 안에는 서구의 압도적 현전성現前性이 자태를 드러낸 근대 이후는 말할 것도 없이 근대 이전에도 동남아시아, 인도를 비롯한 서남아시아, 중앙아시아와 중동 등 아시아 전체의 역사적 기억이 적층되어 있"[1]다는 점을 상기하면서 인천이 경험한 근대전쟁을 통해 근대 이후 동아시아 삼국의 대립과 반목의 역사를 헤아려보도록 하자.

근대 이전 동아시아 지역은 중원을 차지한 제국을 중심으로 국제적 질서가 자리하면서 중원이 요동할 때마다

---

1) 최원식, 「한국발 또는 동아시아발 대안?—한국과 동아시아」, 『제국 이후의 동아시아』, 창비, 2009, 278쪽.

동아시아 전쟁이 발발하였다. 그러나 19세기 중반에 이르러 서구 국가들이 자본주의 물질문명을 구축하고 식민지를 개척하는 과정에서 아시아에 상륙함으로써 동아시아 국제질서는 크게 요동한다. 이후 동아시아에는 전통적인 중화체제를 대신하는 새로운 근대체제가 크고 작은 전쟁과 조약을 통해 강제되었다. 동아시아 지역에서 근대의 기점을 언제로 잡는가에 대해서는 여러 이설이 존재하지만 대체로 1940년 발발한 아편전쟁을 기준으로 잡는 것이 상례인 듯하다. 아편전쟁에서 청제국이 영국군에 참패함으로써, 화이질서에 기초한 중화체제가 서서히 붕괴하고, 만국공법萬國公法에 기초한 새로운 국제질서인 조약체제條約體制가 동아시아에 박두하였기 때문이다. 동아시아에 조약체제를 강제한 것은 결국 각국의 물리력이자 조약국간의 국제적 역학관계였다.

운요호사건과 제물포의 개항

거듭되는 이양선의 출몰과 강화와 인천 앞 바다를 피로 물들인 병인·신미년의 전쟁을 무릅쓰고도 쇄국의 문을 열지 않던 조선은 드디어 1876년 2월 3일 조일수호조

規^{朝日修好條規}(일명 병자수호조약, 강화도조약) 체결을 계기로 근대 자본주의 세계체제에 나아가게 되었다. 그러나 그 과정은 결코 자발적인 과정이 아닌 일본의 도발에 의한 것이었다. 미국 페리 함대에 의해 굴욕적인 불평등조약을 맺고 문호를 열지 않을 수 없었던 일본은, 허약한 봉건 막부체제가 무너지는 동시에 명치유신 정권을 수립함으로써 급속한 근대화의 길로 나아가게 되었다. 그 과정에서 명치유신 정권은 대내적으로는 국가권력을 통합하고 대외적으로 국위를 드러내며 열강의 각축 속에서 이권을 도모하고자 운요호^{雲揚號}사건을 일으켜 마침내 조선 개국을 강제하였다.

조선과의 교섭에 적극적이었던 일본은 1875년에 여러 차례 교섭을 촉구하는 서계를 보내었다. 그러나 일본이 거듭 보내온 서계에는 화이론^{華夷論}적 질서에 어긋날 뿐만 아니라 거만한 표현으로 교섭을 요구하는 내용이었다. 중국과 일본의 정세를 헤아린 판중추 박규수와 훈련도감 지사 양헌수^{梁憲洙} 등은 서계를 접수해야 한다고 주장하였으나 대부분의 관료들은 기존의 관행에 어긋나는 서계를 받아들여서는 안 된다고 반대하여 결국 일본의 서계 수용은 거부되었다.

조선이 서계 접수를 거부하자 일본은 더 이상의 협상

을 포기하고 '힘과 압력'에 의한 해결책을 강구하기로 결정하였다. 1875년 4월에 일본군함 운요호가 예고 없이 부산에 입항하여 무력시위를 벌였다. 1870년 7월에 영국에서 건조되어 일본 해군에 인도된 최신식 군함이었던 운요호는 동해안을 따라 함경도 영흥만까지 진입하였다가 귀환하면서 해안을 측량하였다. 1875년 8월에 운요호가 다시 조선의 서해안에 출현하여 무력시위를 전개하였다. 8월 20일에 운요호는 월미도 앞바다에 정박하였다가 다음날 북상하여 강화도 초지진 앞 바다의 동남방에 정박하였다. 이곳에서 운요호는 단정短艇을 내려 20명 가량의 해병과 수병들을 태우고 항산도(현재 초지1리) 근방에 이르러 육지를 관측하였다. 이들은 신선한 물을 얻으려 한다는 이유로 초지진 아래 포대 근방에 상륙하여 영문과 포대 앞까지 진출하였다. 이처럼 허가를 받지 않고 무단 상륙한 일본군에 대해 조선군이 포격을 가하자 함장 일행은 소총으로 응사하면서 후퇴하였다. 단정이 돌아오자 운요호는 포격을 개시하였다. 초지진 포대의 포는 구경이 큰 대완구포로서 사정거리가 약 700m 내외여서 단 1발만이 운요호 위를 지나갔을 뿐 모두 운요호에 미치지 못하였다. 초지진 포대의 포들은 사거리도 짧았으며 명중률도 극히 낮았다.

이에 비해 운요호의 함포에서 발사하는 포탄은 초지진과 포대에 명중하여 진지를 완전히 파괴하였다. 운요호의 함장은 상륙하여 진과 포대를 점령하려 하였으나 수심이 얕아 단정을 접안시키기 어려웠고 병력수도 적어 상륙을 포기하였다. 이때 쌍방간에 사상자는 없었다. 격렬한 전투가 벌어졌던 병인양요나 신미양요 때와는 상황이 달랐던 것이다. 운요호는 초지진 상륙을 포기한 대신 남하하여 영종진永宗鎭을 포격하고 일시 점령하였다. 상륙한 일본군은 40여 명에 불과하였으나 조선군은 이조차 막아내지 못하였다. 영종진에 소속된 병력은 6백 명이었지만 모두 실전 배치된 상태는 아니었고 또 전투가 벌어지기 전에 가해진 함포사격에 전의를 상실하였던 것이다. 이 전투에서 영종진 병사 중 35명이 사망하였으며 일본군은 2명이 부상하였다. 일본군은 대포와 군수품을 노획한 뒤 성내에 불을 질러 관아건물과 민가를 완전히 소진시키고 나가사키로 귀환하였다.

영종진의 함락은 당시 조선의 위정자들에게 엄청난 정신적 충격을 주었다. 영종진 함락 후 조선은 인천부를 방어영으로 승격시키는 동시에 강화유수부에 예속되어 있던 영종진을 인천방어영에 예속시켰다. 그러나 영종도는 바닷길의 요충지이므로 인천부에 예속시키지 말고 다시

〔도판 1〕 니시키에(錦繪) 〈雲揚艦兵士朝鮮江華戰之圖〉(芳年, 1976)

진을 세워야 한다는 경기감사와 강화유수의 건의에 따라 9월 30일에 영종진을 복설하였다.[2]

조선의 서해안에서 무력을 행사하고 일본으로 귀환한 운요호는 식수를 구하기 위해 초지진에 접근하였다가 포격을 받아 어쩔 수 없이 응사하였다고 역선전하며 일본인들의 조선에 대한 반감을 북돋았다. 그리고 조선측에서 일본인들에게 위해를 가할 수 있다고 하면서 부산 초량의 일본 공관과 일본인들을 보호한다는 구실로 군함을 부산에 출동시켰다. 조선은 일본인들에게 위해를 가하지 않았으며 평화적으로 문제를 해결하고자 하였으나

---

2) 인천광역시사편찬위원회, 『인천의 발자취』 인천광역시사 제2권, 인천광역시, 2002, 420~424쪽.

일본은 거듭 함대를 파견하여 군사적 위협을 강화하였다. 함대 지휘관은 육전대 병력을 상륙시켜 부산항 안팎에서 무력시위를 하도록 하였다.

〔도판 1〕은 당시 일본의 언론에 소개된 〈雲揚艦兵士朝鮮江華戰之圖〉라는 제목의 니시키에錦繪이다. 왼쪽의 검은 함선이 운요호이고 검은 제복을 입은 병사들이 영종도에 상륙한 일본 군인들이다. 〔도판 2〕는 강화도에 상륙했을 당시의 전투상황을 묘사한 니시키에이다. 운요호의 오쿠보大久保 일행이 근해를 측량할 때 강화만의 요새로부터 불의의 발포를 당하여 요새를 점령하고 방화하였다는 설명이 달려 있는 데서 알 수 있듯이, 일본의 메이지시대

〔도판 2〕 니시키에 〈朝鮮の戰爭〉(芳年, 1876)

언론은 보도성과 함께 자극적인 목적성을 내장하고 있는 니시키에의 이미지를 통해 조선 정벌 여론을 불러일으켰던 것이다.

운요호의 무력행사로 충격을 받은 조선 정부는 좌의정 이최응李最應의 건의에 따라 일단 서계 원본을 접수하기로 하고 일본과 교섭을 시도하였다. 그러나 일본은 이미 전권변리대신을 파견하여 조·일 양국의 국교를 일거에 타결하기로 결정한 상태였다. 조선이 서계를 받아들일 의사가 있다고 전달하고 전권대신의 파견을 중지하라고 요청하였으나 일본측은 전혀 듣지 않았다. 당시 일본은 조선과 조약 체결을 위해 전쟁까지도 불사하겠다는 의지였으며 이를 위해 원정군 편제까지 갖추어 놓은 상태였다.

일본은 또 교섭에 유리한 조건을 만들기 위해 청에 먼저 사절을 보내어 협조를 구하였다. 군사동원체제를 갖추고 청의 간섭까지 배제한 일본은 전권변리대신으로 구로다黑田淸隆를 보냈다. 1875년 12월 19일에 부산에 입항한 그는 조선과 상의하기 위해 강화도로 나아갈 것이며 조선의 대신이 그곳에서 응대하지 않으면 서울로 직항할 것이라고 통고하였다. 조선은 일본의 강압적 요구에 대해 강경 대응과 온건 처리를 두고 아무 대책도 수립하지 못한 상태였다. 그러나 개국을 권장하기 위한 청의 사절이 도착하고 좌의정 이최응이 건의한 소위 완화책에 국왕이 찬성하여 접견대신에 신헌申櫶, 부관에 윤자승尹滋承을 임명하여 강화로 파송하였다.

양측의 회담에서 먼저 논란의 대상이 되었던 것은 접견처소와 일본군 상륙문제였다. 초지진을 접견처소로 하자는 조선측의 의견과 강화부 관아로 해야 한다는 일본의 주장이 대립되었고 일본군 상륙문제 역시 중요한 쟁점이었다. 일본의 무리한 요구 때문에 회담은 처음부터 난항이었다. 조선 조정에서는 매일 대책을 논의하였으나 뚜렷한 방침을 세울 수 없었다. 개항에 반대하는 신료들의 비중이 높았고 일본의 강압적 태도에 대한 반감은 컸으나 그들을 저지할 군사력을 확보하지 못한 상태였던 것이다. 판중추부사 박규수만이 현재로는 국가가 가난할 뿐 아니라 병사가 약하여 도저히 일본의 적이 될 수 없으니 수호를 청하는 일본의 요구에 응하자고 주장하였다. 그는 고종 9년(1872)에 중국에 사신으로 갔다 온 뒤부터 서양 군사력의 우월성을 인정하고 대외문제에 유연하게 대처할 필요성을 느끼고 있었다. 그는 고종 11년(1874)에 우의정의 자리에 있으면서 대원군에게 서한을 보내 교착상태에 있는 한일관계를 타개해야 한다고 역설한 바 있었다. 마침내 박규수의 건의가 채택되어 조선 정부는 개항

을 결정하였으며 일본과 1876년 2월 3일에 조일수호조규, 일명 '강화도조약'을 체결하게 되었다.[3]

일본과의 수호조약 체결은 곧바로 부산의 개항으로 이어졌다. 이 해 연말에는 일본과 부산일조계조약釜山日租界條約이 체결됨으로써 일본 세력의 조선 침략이 본격화된다. 세계 식민지 쟁탈에 여념이 없던 미국, 영국, 프랑스를 비롯한 구미열강은 한반도에까지 직접적인 관심을 기울일 여유가 없었다. 오랜 동안 조선에 대해 종주국의 지위를 누렸던 청나라도 아편전쟁 이후 열강의 침탈에 쩔쩔매던 터라 조선에 대해서는 그다지 큰 관심을 기울일 상황이 못 되었다. 그러니 개국 직후의 조선은 한동안 일본의 독무대가 될 수밖에 없었다.

부산을 거점으로 조선 침략에 노심초사하던 일본 대리공사 하나부사花房義質는 1877~1879년 동안 해안 일대를 측량하면서 개항장을 추가 개설할 것을 집요하게 요구하였다. 일본은 1879년 원산 개항 허가를 얻어냈지만 수차례나 탐색하면서 교도부로 노렸던 인천의 개항은 끝내 거절당하였다. 그 와중에도 조선 정부는 오히려 인천 해안과 부평에 포대와 진(화도진과 연희진)을 설치, 왕도 한

---

3) 위의 책, 425~427쪽.

성의 관문인 인천에 빗장을 걸었다. 하지만 집요한 일본의 요구에다 미국을 비롯한 열강의 통상 요구가 가세하면서, 그리고 수신사를 통해 서양문물에 차츰 눈을 뜨게됨으로써 더 이상 수도의 보장중지保障重地인 인천 개항을 물리칠 수 없게 되었다. 그리하여 1881년 초, 일본 변리공사 하나부사에게 20개월 후에 인천을 개항할 것을 약속하였다. 제물포의 정식 개항은 1883년 1월 1일을 기해이루어질 것이라고 포고되었다. 그러나 실제로 인천의 개항이 이루어지고 무역이 시작된 것은 6월경이라고 한다.혹자는 인천항 통상사무 감리가 정식 임명된 9월 19일로보기도 한다. 여하튼 이 해를 기해 마침내 보장중지 인천의 제물포가 열국에 개항되기에 이른 것이다.

청일전쟁과 제물포의 격변

청일전쟁淸日戰爭은 청나라와 일본 제국이 조선의 지배권을 둘러싸고 1894년 7월 25일부터 1895년 4월까지 벌어진 동아시아의 국제전이었다. 아산 앞 바다 풍도의 해전으로부터 시작된 이 전쟁은 육로로는 평양전투를 거쳐압록강을 넘어 청의 영토로 확대되고 해로로는 황해바다를 가로질러 산둥반도의 전략적 요충지에서 격전이 전개되었다. 중국에서는 갑오년에 일어났다고 하여 중일갑오전쟁中日甲午战争, 일본에서는 일청전쟁日清戦争, 서양에서는 제1차 중일전쟁First Sino-Japanese War이라고도 부른다. 청일전쟁에 이르기까지 19세기 후반 청·일 양국관계는 류큐琉球, 타이완과 조선을 둘러싼 긴장으로 가득 차 있었다. 이 긴장관계의 뇌관을 터뜨린 것이 조선에서 일어난 동학농민전쟁이었다. 스러져가는 중화제국과 새로운 근대 제국주의 국가로 부상하는 일본 제국 사이의 전쟁은 바야흐로 한반도에서 시작되었던 것이다.[4]

청일전쟁은 아산만 부근의 풍도에서 일본 해군이 청국 함대에 기습공격을 가하면서 시작되었다. 1894년 7월 25일, 아산 근해를 순찰하던 일본의 순양함 요시노吉野, 나니와浪速, 아키츠시마秋津洲로 구성된 일본 제1유격대가 청나라 순양함 제원濟遠호, 군함 광을廣乙호와 마주쳤다. 이들은 아산으로 물자를 나르는 또 다른 청나라의 군함 조강操江호와 만나기 위해 아산을 떠나 있었다. 1시간의 전투 끝에, 광을호는 화약고가 폭발하여 암초에 좌초되고

---

4) 이하 청일전쟁에 대한 기술은 한국사 편찬위원회, 『청일전쟁과 갑오개혁』 한국사 40, 국사편찬위원회, 2000, 23~63쪽을 참조.

제원호는 탈출하였다. 당시 청나라에는 런던의 인도차이나 증기 선박회사Indochina Steam Navigation Company 소유의 2,134톤급 영국 상선 고승高陞호가 있었는데, 이 배는 청나라가 군대를 조선으로 수송하기 위해 대여한 것으로, 골즈워디T. R. Galsworthy 선장과 64명의 승무원으로 운영되고 있었다. 이 고승호는 1,200명의 군사와 보급품과 장비가 적재되어 있었으며, 조강호와 함께 조선으로 향하고 있었다. 청나라의 고문인 독일의 포병장교 하네켄 소령Major von Hanneken도 승선하고 있었고, 7월 25일에 도착할 예정이었다.

토고 헤이하치로東鄕平八郎가 지휘한 순양함 나니와호가 이 두 배를 가로막았다. 군함은 결국 포획되었고, 일본은 고승호에 나니와호를 따를 것과 승선한 유럽인들은 나니와로 옮겨 탈 것을 요구하였다. 어쨌거나, 승선한 1,200명의 중국인들은 다시 돌아갈 것을 원했고, 영국 선장과 선원들의 생명을 위협하였다. 4시간의 협상 끝에 토고 선장은 사격할 것을 명하였다. 이에 고승호의 유럽인들은 바다에 뛰어들었고, 중국인들은 이들을 사격했으며, 일본군은 승무원들을 구조하였다. 고승호의 침몰은 일본과 영군간의 외교적 분쟁을 일으켰으나, 폭동에 대한 국제법으로 처리되었다.

친일 내각으로부터 청나라 군대를 몰아낼 권한을 부여

받은 오오시마 요시마사大島義昌는 약 4,000명의 일본 여단을 이끌고 한양에서 아산만까지 이동하여 아산과 성환(현재의 천안시 성환읍)에 주둔한 3,500명의 청나라 군대와 대치하였다. 1894년 7월 28일, 양측 군대는 아산 외곽에서 다음날 아침까지 전투를 벌였다. 청나라 군대는 점차로 병력을 잃어 평양으로 후퇴하였다. 청나라 군대의 사상자는 500명에 달하였으나, 일본군 측은 82명에 불과했다.

8월 1일에는 공식적으로 청나라와 일본 간에 전쟁이 선포되었다. 8월 4일 이전에 조선에 남은 청나라의 병력들은 평양으로 철수하였고, 청나라로부터 파견된 병력과 합류하였다. 13,000~15,000명의 수비군은 일본군을 저지할 것을 기대하면서 대대적으로 전투에 대비하였다. 〔도판 3〕은 프랑스 화보신문《릴뤼스튀라시옹L'illustratration》에 수록된 인천에 상륙하는 일본군의 모습을 보도한 삽화이다. 성환과 인천에 상륙한 일본군은 북상하면서 평양의 청나라 군대를 공격하였고, 청군의 잔존 병력은 폭우와 어둠을 이용하여 평양을 빠져나와 의주로 향했다. 평양전투로 인해 청나라 군대는 사망자 2,000명에 부상자가 4,000명에 달했으며, 일본군은 500~600명의 사상자가 발생했다. 마침내 일본군은 1894년 9월 16일 아침,

〔도판 3〕〈기병대 상륙〉(*L'illustratration*, 1895. 2. 9)

평양에 입성하였다. 평양전투 이후로 일본은 조선의 내정을 간섭하였고, 조선의 물자와 노동력이 일본군에 제공되었다.

황해해전은 청일전쟁에서 가장 규모가 큰 해전으로, 1894년 9월 17일 청나라의 북양함대가 일본의 함대와 압록강 하구에서 맞서 싸웠으며, 청나라측은 화력이 우위에 있었음에도 선원들의 경험과 기동력의 열세로 참가한 10대의 군함 중 5척이 침몰, 3척이 파손되었으며, 850명이 사망하고 500명이 부상하였다. 반면, 일본군은 4척 파손에 사망자 90명, 부상은 200명이었다. 이로써 일본군은 제해권을 확보했으며, 4,500명의 청나라 군대가 압록강 부근에 상륙하였다.

패색이 짙어지자 청나라는 일본에 강화를 요청하였고 1895년 4월 17일 청나라와 일본 사이에 시모노세키조약이 체결되었다. 이로 인하여 청나라는 조선이 완전한 자주독립국임을 확인하여 역설적으로 조선에 있어서의 일본의 국제적 위치를 확립시켜 주었고, 배상금 2억 냥兩을 일본에 지불하였으며, 요동반도, 대만臺灣, 팽호열도彭湖列島 등을 할양하였으며, 통상상의 특권을 부여하였다.

청일전쟁의 패배로 인하여 청나라의 무기력함이 드러나자 세계열강에 의한 청나라 분할 경쟁이 더욱 노골화되었고, 일본은 더욱 적극적으로 조선 침략에 박차를 가하였으나 이내 러시아라는 새로운 강적과 마주하게 되었다. 러시아의 주도로 일어난 삼국간섭으로 인하여 일본은 청일전쟁의 승리로 청나라로부터 할양을 받았던 요동반도를 반환하게 되었으니, 이제는 청·일간의 각축에 이어 러·일간의 각축이 한반도에서 본격화되었던 것이다.

제물포는 한국의 위치를 아는 데 열쇠가 되는 지역이다. 수도 인근에 위치한 이 지역에 일본군은 지난 수 주 동안 85,000명의 평판이 좋지 않은 군대를 주둔시켜 왔는데, 그 요지가 바로 제물포다.

일본은 제물포를 차지함과 동시에 더불어 수로와 육지로 접근이 동시에 용이해졌던 바, 그 지역 남쪽의 절반에 해당하는 한국을 점유함으로써, 9월 15일 중국으로 하여금 한국을 침략하도록 유도해왔다. 그리하여 일본은 수도로부터 북쪽으로 150마일 떨어진 역사적인 땅 평양이라는 곳에 함대를 파견하여, 한국 역사상의 루비콘이라 불리우는 푸른 대동강을 쭉 들이마시게 되었다.[5]

조선의 국제항이자 수도의 관문인 제물포는 이 모든 전쟁의 격랑 속에 처하지 않을 수 없었다. 청일전쟁이 한창이던 1894년 9월 영국의 《일러스트레이티드 런던 뉴스》(이하 《런던 뉴스》로 줄임)는 청일전쟁의 전황을 보도하면서 제물포에 대하여 위와 같이 소개하기도 하였다. "일본은 제물포를 차지함과 동시에 더불어 수로와 육지로 접근이 동시에 용이해졌던 바, 그 지역 남쪽의 절반에 해당하는 한국을 점유함으로써, 9월 15일 중국으로 하여금 한국을 침략하도록 유도해왔다"는 기술은 청일전쟁에 있어서 인천이 차지했던 전략적 요충성을 정확히 표현한 것이다. 풍도해전의 기습적인 승리와 인천항을 통한 일본 육

---

5) "Chemulpo, and other ports of Corea", *Illustrated London News*, 1894. 9. 29.

〔도판 4〕〈제물포 근처 해안〉(*Illustrated London News*, 1894. 10. 13)

전대의 상륙은 조선에서 청의 군대를 제압하는 데 관건이 되었던 것이니, "한국 역사상의 루비콘이라 불리우는 푸른 대동강을 쭉 들이마시게 되었다"는 기술이야말로 치밀한 전쟁 끝에 일본이 청을 물리치고 조선을 식민화하게 된 역사적 사건으로서의 청일전쟁의 본질을 잘 표현해 주고 있다. 〔도판 4〕의 삽화는 《런던 뉴스》가 10월 13일자에 수록한 청일전쟁 당시의 제물포 모습을 그린 화보인데, 청일전쟁을 통해서 일본 육전대가 무단으로 상륙하면서 역사상 첫 번째 인천상륙작전이 전개되었다는 역사적 사실을 우리는 오늘날 까마득하게 망각하고 있다.

〔도판 5〕성환 전투를 취재하는 일본의 전쟁화가들-베이센과 간센

　청일전쟁은 동아시아에서 일어난 최초의 근대전쟁이자 러일전쟁으로 이어진 제국주의 전쟁의 전초전이었다. 따라서 청일전쟁을 둘러싸고 전쟁 당사국인 청나라와 일본뿐만 아니라 전세계의 언론과 매체가 비상한 관심을 가지고 전황을 속속 보도하였다. 이하에서는 당시의 다양한 언론매체들이 청일전쟁을 어떻게 보도했는지를 주로 제물포를 중심으로 하여 살펴보고자 한다.

　〔도판 5〕는 영국의 화보잡지인《그래픽》1894년 10월 13일자에 소개된 청일전쟁 당시의 충청도 성환成歡에서 벌어진 전투장면을 그린 삽화인데, 청일전쟁에 종군했던 전쟁화가들의 모습을 담고 있다. 치열한 교전이 벌어지는 전투 현장에서 병사들의 바로 뒤에 서서 전투장면을 스케치하는 화가들의 모습이 보이거니와, 베이센과 그의 아

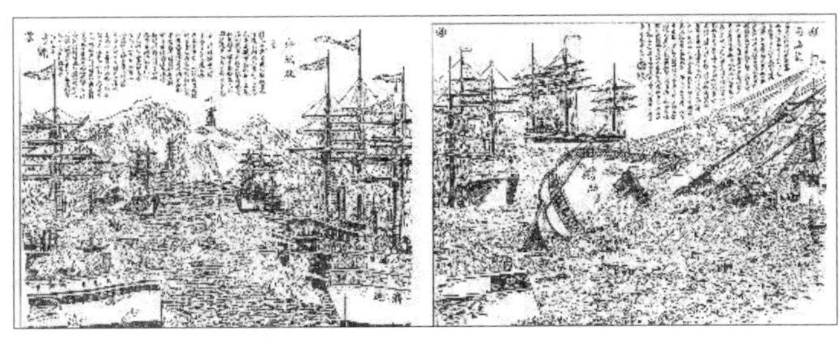

〔도판 6〕 중국인 화가가 묘사한 동아시아의 전쟁

들 간센이라는 화가의 이름까지 제시하였다. 베이센이라는 화가는 후술하겠지만, 일본 《국민신문國民新聞》의 종군기자로 조선에 입국하여 『日淸戰鬪畵報』 전 7권을 제작한 구보타 베이센久保田米僊이라는 종군화가였다. 일본뿐만 아니라 많은 나라들이 종군화가를 파견하여 청일전쟁을 취재하고 이를 그림으로 그려 각 나라의 언론에 게재하였다.

〔도판 6〕의 두 그림은 영국의 《런던 뉴스》 1894년 10월 6일자에 수록된 청나라 화가의 작품이다. 왼쪽의 그림은 음력 6월 23일에 있었던 일본과 청국 전함간의 접전을 그린 것이고, 오른쪽의 그림은 일본 전함에 의해 침몰하는 고승호의 모습을 생생하게 그렸다. 그런데 이 두 그림의 원 출처는, 상하이에서 발간되었던 화보잡지 《點石齋畵報》이다. 왼쪽 그림은 1894년 8월 15일자로 발간된 《點石齋畵

〔도판 7〕〈朝鮮豊島海戰之圖〉(未詳, 1894)

《報》 제382호에 수록된 그림으로 〈해전첩음海戰捷音〉이란 제목 아래 "일본군이 만국공법萬國公法을 지키지 않고 선전포고도 없이 6월 24일 조선 근해에 있던 중국의 제원철갑병선濟遠鐵甲兵船을 갑자기 공격하였다. 청 해군은 반격을 가하여 일본 군함을 탈취하려는 순간, 갑자기 일본 군함 세 척이 나타나 구해갔다"는 설명이 붙었다. 오른쪽 그림 역시 382호에 수록된 그림인데, 〈형동해도形同海盜〉라는 제목 아래 해적 같은 일본군의 만행을 고발하고 있다. "청일전쟁 개시 직전, 이화양행怡和洋行의 상선에 중국군 천 명이 타고 조선 근해를 가다가 일본군을 만나게 되었다. 일본군은 공격하지 않겠다는 중국군의 약속을 받고 돌려보내는 듯하다가 어뢰를 터트려 상선을 침몰시키고, 바다에 부유하던 병사兵士들에게 총을 발사하여 겨우 200여 명만이 구조

〔도판 8〕〈朝鮮電報實記 其二〉(小國政, 1894)

되었다"는 설명이 달렸다. 《런던 뉴스》는 《點石齋畫報》의 그림 설명 내용을 그대로 소개하고 있었던 것이다.[6]

하지만 중국보다 조직적으로 종군화가를 파견한 건 역시 일본이었다. 〔도판 7〕, 〔도판 8〕은 일본 메이지 언론에 수록된 니시키에이다. 〔도판 7〕은 작자 미상의 〈朝鮮豊島海戰之圖〉라는 제목의 그림이고, 〔도판 8〕은 小國政이 그린 〈朝鮮電報實記 其二〉라는 제목의 니시키에로, 위풍도 당당하게 인천에 상륙하는 일본군의 모습을 담고 있다. 이들 그림 모두가 선명한 색상과 웅혼하고 화려한 구도 속에 욱일승천기로 상징되는 일본군의 승리를 역동적으로 묘사

---

6) 이상 《點石齋畫報》 소재 도판 및 설명은 중국학센터에서 구축한 〈온라인점석재화보〉 (http://www.sinology.org)에서 인용, 참조한 것이다.

하는 화법을 구사하고 있거니와 전쟁화이면서도 일본 국
민의 애국심을 자극하는 선전화로서의 면모를 유감없이
보여준다.

[도판 9]는 영국의 화보신문《그래픽》1894년 10월 20
일자의 표지화로 수록된 대형삽화이다. 〈동양의 전쟁〉이
라는 제목 아래 제물포에 상륙하는 일본군의 모습을 매
우 사실적이면서도 압도적인 형상으로 표현하였다. [도판
10]도 역시 제물포에 상륙하는 일본군의 모습을 그린 목
판화인데, 매우 사실적인 묘사 속에 불길이 치솟고 있는
제물포의 모습을 배경으로 욱일승천기를 들고서 의기양
양하게 상륙하는 일본군의 모습이 생생하게 그려져 있다.

[도판 9] 〈동양의 전쟁: 제물포에 상륙하
는 일본군〉

[도판 10] 일본군의 인천 상륙을 그린 목
판화 1

〔도판 11〕 일본군의 인천 상륙을 그린 목판화 2

〔도판 11〕도 역시 서양에서 목판화로 그려진 일본군의 제물포 상륙 당시의 모습을 그린 삽화인데, 《런던 뉴스》 1894년 11월 3일자에 수록된 대형 화보이다. 영국군함 린더호 위에서 와일드^{A. W. Wide}라는 화가가 스케치한 것이다. 다른 여타의 그림에 비해 매우 독특한 구도와 필체를 구사하고 있는데, 이 목판화에는 다음과 같은 설명이 붙어 있다.

영국군함 린더호 위에서 와일드^{A. W. Wide}가 그린 스케치. 수송선이 전속력으로 입항하여 닻을 내리고 즉시 군대를 내려놓기 시작했다. 제물포항은 수심이 매우 낮아 소형 선박을 제외한 다른 선박들은 선착장으로부터 2마일 이상 떨어져 있어야 했다. 일본군대는 소형 증기선이 끄는 조선 나룻배에 실려 뭍으로 이동했다. 일본군대는 2,000명 정도로 모두 보병이었다. 수송선이 도착한 직후 순양함 '야에아마 칸'호가 입항하여 그들 외곽에 닻을 내렸다. 병사들은 당황하지 않고 질서 있게 부두에 내렸다. 그들은 완전군장 상태였는데, 그들의 장비를 높게 평가하지 않을 수 없다. 그들은 망원경까지 지참하고 있었다. 그들이 지참하고 있는 모든 것은 최신식인 것 같았고 영국군처럼 군화를 신고 여분의 군화를 메고 있었다. 그리고 그들은 프러시아 보병이 사용했던 소의 털가죽으로 만든 구식 배낭을 짊어지고 따발총으로 무장되어 있었다. 일본군들은 체구가 작으나 매우 단단하다. 사기가 충천한 것처럼 보이지는 않았는데 항해 때문에 그런 것 같다. 9월 11일에는 1만 명의 군대가 올 것으로 예상된다. 그들은 황태자가 기마대장으로 있는 근위병을 포함한 것이다.[7]

일본군의 제물포 상륙에 대한 상세한 보고와 함께 수록된 이들 화보들은, 사실 우리가 기억하고 싶지 않은 장

---

7) *Illustrated London News*, 1894. 11. 3.; 김장춘 엮음, 『세밀한 일러스트와 희귀 사진으로 본 근대 조선』, 살림, 2008, 62쪽에서 재인용.

면들이다. 어쩌면 근대 이후 인천에 외국군대가 상륙한 최초의 역사적 사건으로, '제1차 인천상륙작전'이라고 부를 수밖에 없을 일본군의 인천상륙을 우리는 애써 외면해왔던 것이 아닐까. 그리고 이는 1904년 2월 8일 밤에 감행된 일본군의 '제2차 인천상륙작전'에 대해서도 마찬가지다.

제물포해전의 발발과 러일전쟁

[도판 12]는 러일전쟁의 전체적인 전투상황을 보여주는 지도이거니와, 1904년 2월 9일 제물포 앞바다에서 일본 함대가 세 척의 러시아 함을 침몰시킨 제물포해전은, 러일전쟁의 실질적인 개전을 알리는 사건이 되었다. 러일전쟁 Russo-Japanese War 혹은 일로전쟁日露戰爭이라 불리는 이 전쟁에 대하여 혹자들은 '제0차 세계대전'이라 부르기도 한다. 일본 뒤에는 영국과 미국이, 러시아의 뒤에는 독일과 프랑스가 후원했던 이 전쟁은 20세기의 서장을 연 사건이자 최초의 제국주의 전쟁으로 10년 후에 발발한 제1차 세계대전의 전주곡이었다. 뿐만 아니라 이 전쟁은 청일전쟁으로 인해 와해된 중화체제를 대신할 20세기 새로운 동아시아

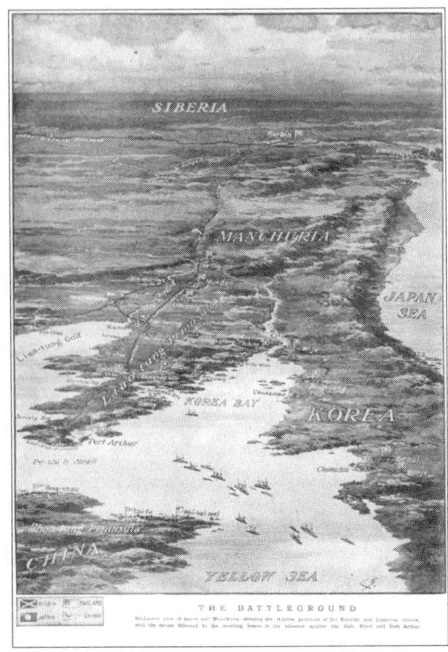

〔도판 12〕 러일전쟁의 전투상황을 보여주는 지도

의 국제질서를 결정짓는 계기가 되었다. 그리고 그 과정에서 유럽보편주의와 아시아주의, 인종주의와 민족주의(혹은 국가주의) 등 온갖 지향과 이념들이 각축하였다.

따라서 이 전쟁은 전쟁사 혹은 국제정치사의 측면에서뿐만 아니라 사상사와 문화사적 측면에서도 주목할 만한 20세기 초유의 대사건이다. 게다가 러일전쟁은 한국의 입장에서는 더더욱 중차대한 역사적 의미를 갖지 않을 수 없는데, 이 전쟁이 한반도의 패권을 둘러싸고 전개되었고 대한제국은 원치 않는 전쟁의 최대 피해국이었기 때문이다. 고종을 비롯한 친위세력은 전쟁이 임박하자 외국 공사관으로 피신을 도모하다가 수포로 돌아가자 1904년 1월 21일 전시중립을 선언하였다. 그러나 2월 9일 일본군이 인천상륙 직후 서울을 점령해버리자 한일동맹조약 교섭에 임하여 2월 23일 공수동맹攻守同盟에 기초한 일한의정서日韓議定書를 체결, 일본의 파트너이자 전쟁 당사자가 되어버렸다. 그러나 전쟁에서 일본이 승리하였음에도 불구하고 한국은 곧바로 외교권을 박탈당하고 국권을 상실하였다.

청일전쟁에서 승리한 일본은 시모노세키조약을 통해 거액의 배상금과 함께 랴오둥반도, 타이완 등을 조차組借하고 나서 조선에 대해 실질적 지배권을 행사하기 위해 노심초사했다. 그러나 러시아가 프랑스와 독일을 끌어들여 삼국간섭(1895)을 일으켜 랴오둥반도를 반환케 하고 러시아는 오히려 뤼순旅順과 다롄大連을 조차하면서 일본이 청일전쟁에서 획득한 전리품의 상당 부분을 빼앗았다. 연이어 러시아는 1900년 발생한 의화단사건을 빌미로 15만 병력을 증파하여 만주 지역을 점령하고 1901년에는 만주를 가로질러 황해로 이어지는 동청철도東淸鐵道를 거의 완성하였다. 이를 전후하여 일본과 러시아는 만주와 한반도를 둘러싸고 치열하게 각축전을 전개하였다.

　러·일간의 각축은 곧바로 조선의 각 개항장에서 전개되었다. 러·일은 특히 가장 큰 개항장이었던 부산의 절영도와 인천 제물포 개항장의 요지에 위치한 섬에 저탄창고를 마련하기 위하여 치열한 조차전쟁租借戰爭을 전개하였다. 인천에서는 일본이 먼저 1896년 초에 월미도에 석탄저장고를 마련하였다. 그러자 러시아도 같은 해 4월에 「월미도조차조약」을 체결하여 월미도 남서단에 석탄창고 부지를 조차하였다.[8] 조선정부에 매년 361.76달러의 임대료를 지불하기로 하고 조차한 월미도 부지에 러시아는 비단 저탄창고뿐만 아니라 병원과 선창을 비롯하여 군함 유지를 위한 각종 시설을 계획하였다. 그러나 러시아의 월미도 조차 부지에는 시설물 건립이 이루어지지 않다가 1898년 뤼순항을 조차한 이후 쓸모가 없다고 판단하여 보류된 듯하다.[9] 이후 러시아가 제물포에 영사관을 건립한 것은 1902년 10월 31일에 이르러서다. 서울에 있던 부영사관이 인천에 이설되는 방식으로 급하게 추진된 것이다. 러시아는 이처럼 청을 대신하여 일본과 제물포를 비

---

8) 심헌용 편, 『러일전쟁과 한반도』, 국방부 군사편찬연구소, 2003, 108~109쪽.

9) 위의 책, 120쪽. 월미도에서 전개된 러일 간의 조차전쟁에 대한 보다 자세한 연구는 이영호, 「월미도가 경험한 근대의 세계: 제국주의 열강의 조차전쟁」, 『인천문화연구』 창간호, 인천광역시립박물관, 2003 참조.

롯한 한반도와 만주 곳곳에서 각축하다가 끝내 일본과의 피할 수 없는 전쟁을 맞게 되었다.

흔히 러일전쟁의 발발은 도고 헤이하치로東鄕平八郎가 이끄는 일본 함대가 뤼순에 정박해있던 러시아 함대를 공격한 시점에서 개전한 것으로 널리 알려져 왔다. 그러나 소비에트시대에 출간된 러시아의 공식전사에서도 뤼순의 공격이 전개된 1904년 2월 9일 밤보다 몇 시간 전인 2월 8일 오후 4시 제물포에서 첫 교전이 이루어졌다고 기록하고 있다.[10] 제물포에서 이루어진 이 전투를 제물포해전The Battle of Chemulpo이라고 하는데 일본에서는 인천충해전仁川沖海戰이라고 부른다.

제물포해전은 영국에서 발간된 *Illustrated London News*(1842~1975)와 *The Graphic*(1869~1932), 프랑스에서 발간된 *Le Petit Journal*(1890~1920), *Le Petit Parisian*(1876~1944), *La Tour de Monde, Journal de Voyages, Le Monde Illustre, L'illustration*, 미국의 *Harper's Weekly*(1857~1976), *Life*(1936~), *Frank Leslie's Illustrated Newspaper* 같은 구미의 주요 언론

---

10) 로스뚜노프 외 전사연구소 편, 『러일전쟁사』, 김종헌 옮김, 건국대학교 출판부, 2004, 127쪽.

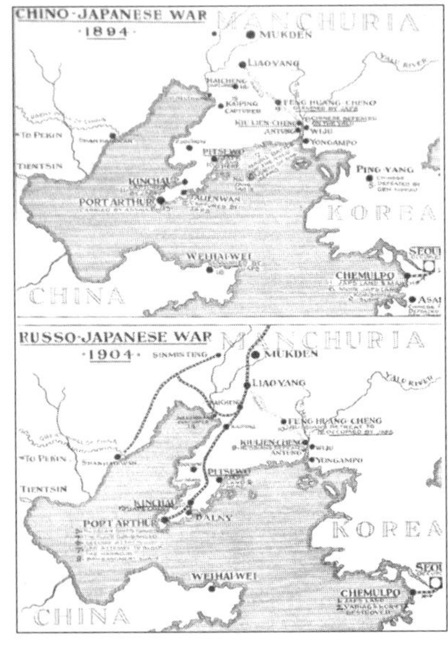

〔도판 13〕〈역사는 반복된다〉
: 1894년의 청일전쟁과 1904년의
러일전쟁을 비교하는 지도

을 통해서 전세계에 타전되었다. 그리고 이를 계기로 러일전쟁이 실시간으로 전세계에 사진 매체를 통해서 널리 보도되었다.

〔도판 13〕은 영국의《런던 뉴스》1904년 5월 14일자에 소개된 〈역사는 반복된다〉라는 제목의 지도이다. 상단의 지도는 1894년에 발발한 청일전쟁의 전쟁지역을 표시한 지도이고, 하단의 지도는 1904년 2월 발발한 러일전쟁의 전투지역을 표시하였다. 불과 10년 만에 한반도와 만주 지역을 둘러싸고 전쟁이 재현된 것을 서양의 언론도 주목

하고 있었다. 따라서 이 전쟁이 발발하자 서구의 많은 나라에서 전쟁을 취재하기 위하여 한반도로 건너왔다.

제물포에서 전쟁이 발발하기 5주 전쯤, 소설가 잭 런던Jack London은 러시아와 일본 간의 예상되는 분쟁에 참여해 기사를 써달라는 언론사의 요청을 받고 일본을 거쳐 한국에 입국한다. 그러나 그 과정이 순탄치 않아서 요코하마에서 고베, 나가사키, 모지를 거쳤지만, 그곳 경찰의 취조를 받고 출항을 못하다가 겨우 1904년 2월 하순에야 부산항을 거쳐 제물포에 당도하였다. 훗날 『강철군화The Iron Heel』(1908) 등의 작품을 발표하여 미국 최초의 사회주의 작가로 유명세를 탔던 그가 왜 저처럼 신랄하게 모멸찬 비평을 조선에 쏟아내면서도 일본 군대에 대해서는 겉으로일망정 찬사를 표했을까. 그가 《샌프란시스코 이그재미너San Francisco Examiner》지의 종군기자로 조선에 왔을 때 YMCA의 초청으로 그의 대표작 『황야의 절규』의 낭독회를 열기도 하였다고 한다. 하지만 그가 남긴 글은 이방인의 그 어떤 글보다도 조선인의 나태와 허약함을 신랄하게 비판하다 못해 조롱하고 있다. 많은 소설과 평론 등의 발표로 돈과 명성을 얻었으나 본능적인 명예욕·금전욕, 그리고 자기주장과의 모순에서 오는 갈등으로 인하여 자살한 것으로 추정되는 잭 런던의 글은 서구인이 보여준 가

장 극단적인 야만에 대한 조롱이자 신랄한 문학적 수사
라고 기억해두자.[11]

　미국인 목사 호머 헐버트Homer Hulbert가 기술한 것으로
짐작되는 《코리아리뷰Korea Review》 1904년 2월호의 기사
"The Battle of Chemulpo"는 거의 모든 기술이 위의 기
록과 일치함에도 불구하고 조선인에 대한 위와 같은 경
멸적인 시선은 보이지 않는다. 헐버트는 끝까지 전투과정
에서 중립을 지키고 심지어는 부상당한 러시아 병사들에
대한 인도적인 구조에도 참여하지 않았던 미국군함 빅스
버그호 선상에서 제물포해전의 전 과정을 목도하고 아래
와 같이 객관적으로 기술하였다.

　어떤 경우든, 누가 〔2월 8일의 어뢰정에서—인용자〕 사격
을 시작했는지는 중요하지 않다. 일본이 이미 부산항구의 러
시아 기선 머크덴호를 탈취하였고, 전쟁이 시작되었다. (…중
략…) 누구든 이 전체적 상황에 어떤 태도를 취하든, 개인적
으로 러시아측에 상당한 동정심을 표하지 않을 수 없다. 그
들의 잘못이 아님에도 불구하고, 그들은 항구에 갇히어, 너

---

11) 잭 런던, 『잭 런던의 조선사람 엿보기: 1904년 러일전쟁 종군기』, 윤미기 옮김, 한울,
　　1995, 32~34쪽.

〔도판 14〕〈大日本海軍陸戰隊上陸之圖〉(延一, 1904)

무 뒤늦게, 러시아 국가의 명예를 지키기 위해 가망 없는 싸움을 해야만 한다는 걸 알게 되었다. 그러나 아직까지 일본이 항구의 중립상태를 묵살할 것인지는 아직 확실하지 않다. 중립의 항구에서 중립의 선박 가운데 닻을 내리고 있으므로, 그들은 당분간 안전할 것이라고 믿을만한 약간의 이유는 있다.[12]

《코리아리뷰》의 편집자는 매우 냉정하게 사태를 주시하고 있다. 2월 8일 오후 제물포에서 제물포해전의 첫 교전이 일어나기 전에 부산에서 이미 일본군이 러시아함을

---

12) "The Battle of Chemulpo", *Korea Review*, 1904. 2, p. 54. ; 윤인섭 외 옮김, 『외국인의 기록으로 보는 인천근대』, 인천광역시 역사자료관 역사문화연구실, 2007, 84쪽에서 재인용.

〔도판 15〕「韓國仁川 日露戰鬪之圖」(周延, 1904. 2. 18)

탈취하였다는 사실을 지적하며, 전쟁이 이미 시작되었다고 단언하고, 사태의 추이를 객관적으로 관찰하고 있었던 것이다. 그는 가스통 르루나 아손 그랩스트처럼 동양의 황인족 일본민족의 비겁성을 지적하면서 은근히 백인 우월주의를 드러낸다거나 러시아 병사들이 조국을 위해 싸우는 것을 영웅화하지도 않는다. 다만 그들의 잘못이 아님에도 싸우지 않으면 안 되는 그들의 처지를 동정하고 있을 뿐이다.

　〔도판 14〕, 〔도판 15〕, 〔도판 16〕은 일본의 메이지언론에 보도된 러일전쟁 관련 니시키에 화보이다. 〔도판 14〕는 延一이라는 화가가 그린 〈大日本海軍陸戰隊上陸之圖〉인데 2월 8일 일본군의 인천상륙을 예상하고 그린 그림이다. 〔도판 15〕는 〈韓國仁川 日露戰鬪之圖〉라는 제목

〔도판 16〕「日露仁川口海戰 大日本海軍 大勝利 萬歲」(淸親, 1904. 2)

의 그림이고, 〔도판 16〕은 〈日露仁川口海戰 大日本海軍 大勝利 萬歲〉인데, 인천에서 육상전투가 벌어진 바 없거니와 이는 작가의 상상력에 따른 왜곡일 터이다. 이처럼 다양한 화보와 사진을 통해 각국의 언론에 전파된 제물포해전에 대하여 프랑스의 기자인 가스통 르루가 러시아 수병들을 인터뷰하고 남긴 책이 출간 100년 만에 한국에 소개되었다.[13]

13) 가스통 르루, 『러일전쟁, 제물포의 영웅들』, 이주영 옮김, 인천: 작가들, 2006.

동아시아의 평화와 상생을 위하여

제물포해전이 발발한 지 꼭 1년 만인 1905년 2월 6일, 인천의 일본인 거류민회에서는 제물포해전에서 승리한 2월 9일을 '인천데이'로 제정하는 의안을 제출하여 만장일치로 통과시켰다. 이후 해마다 2월 9일을 '인천데이'로 제정하여 2월 8, 9일간 기념행사를 거행하였다. 거류민회에서는 '인천데이'의 지침으로 "2월 8일은 군대 상륙 당일이므로 국기 헌등을 게양할 것, 2월 9일에는 국기 헌등을 걸고 일반이 모두 휴업하고 축하의사를 표할 것, 오후 1시부터 대신궁기념제에 참배할 것"을 공포하였다. 제3회가 되는 1907년에는 2월 8일 밤 키고시여단이 상륙했을 때 거류민이 횃불을 들고 환영했던 당시 상황을 해안가에서 그대로 재현하는 전야제를 개최하기도 하였다. 9일에는 해전을 치렀던 오후 1시에 일본공원의 대신궁에서 전쟁 승리를 축하하는 기념제를 거행했다. 이후 매년 인천데이 기념행사는 비슷한 방식으로 진행되었는데, 1914년 조계가 폐지되고 거류민단이 해체되면서 부청이 주도하는 공식행사로 변모하였다. 1930년 이후에는 조선총독이 직접 참석함으로써 관청의 공식행사적 성격이 한층 강화되면서 전국적으로도 알려지게 되었다. 한편 1932년

에는 제물포해전의 주력 전함이었던 치요다千代田호가 퇴
역하자 그 마스트를 일본공원이 된 만국공원 정상에 세
워 그 전승을 기념물화하였다.

　대한제국이 일본의 식민지가 되는 데 가장 결정적인 사
건이 바로 러일전쟁이었다. 그러나 우리는 그간 러일전쟁
을 일본과 러시아 간의 전쟁으로만 여겨 간과해왔다. 러
일전쟁의 첫 포성이 바로 인천항에서 시작되었다는 것조
차 망각해왔던 것이 이를 여실히 입증해준다. 러일전쟁과
이에 연이은 대한제국의 식민화 문제에 대하여 동아시아
각국이 과연 오늘날 어떻게 얼마나 달라졌는가 하는 문
제는 오늘날 동아시아 역내의 여러 현안문제와도 긴밀히
연관된 문제이다.

　일본은 그동안 '대동아공영권'론에 의해 야기된 태평양
전쟁기의 전쟁범죄에 대해서는 일본 정부가 나서 여러 차
례와 유감과 반성의 뜻을 표명하였다. 하지만, 인종적 아
시아주의로 포장하여 이웃나라에 침략과 식민을 관철했
던 러일전쟁의 역사적 책임에 대해서 일본은 오히려 다양
한 기념행사를 거행하고 있다. 뿐만 아니라 일본 국영방
송인 NHK가 나서 러일전쟁을 통해 일본이라는 국가가
비약했던 역사를 찬양하는 〈언덕 위의 구름〉이라는 대하
드라마를 상영하고 있다. 한·일간 친선과 화해를 방해하

는 역사분쟁의 오래된 현안 중의 하나인 독도 영유권 문제의 시원이 된 일본의 다케시마竹島 편입이 러일전쟁의 와중인 1905년 1월에 이루어진 데서 알 수 있듯, 러일전쟁은 오늘 동아시아의 현실 속에서 여전히 살아있는 문제로 현전하고 있다. 일본의 민주당 정부가 2010년 9월 10일 한국의 독도를 일본의 고유 영토라고 주장한 방위백서를 내각회의에서 승인, 발표하였는데, 이는 같은 해 8월 10일 간 나오토菅直人 일본 총리가 한국에 대한 식민지 지배를 반성한다는 담화를 내놓은 지 꼭 한 달 만에 일어난 일이다. 일본의 식민지배에 대한 불법성은 전혀 인정하지 않은 담화의 한계를 그대로 드러낸 것이라 하지 않을 수 없다.

일본은 또한 중국과도 식민역사에 대한 역사적 청산 문제를 둘러싸고 오랫동안 반목하고 있을 뿐만 아니라 중국명 조어도釣漁島, 일본명 센카쿠열도尖閣列島를 둘러싸고 영토분쟁을 전개하고 있다. 일본 오키나와沖繩에서 약 300㎞, 타이완臺灣에서 약 200㎞ 떨어진 동중국해東中國海 남부에 있는 이 열도 주변에서 최근 중·일 양국 상선이 충돌함으로써 중국·일본·타이완 간에 치열한 영유권 분쟁이 재현되고 있다.

그러나 더 우려스러운 사태는 100여 년 전 청일전쟁과

러일전쟁이 그러했듯이, 오늘날 한반도를 무대로 한 동아
시아의 국제질서가 다시 강대국 간 힘의 논리가 일방적
으로 관철되는 사태로 휩쓸려 들어가는 데 있다. 한국전
쟁이 발발한 지도 60주년이 다 되어 가지만 남북간 분단
에 따른 대결논리에서 한 치도 벗어나지 못하고 있다. 세
계 강대국인 미국과 중국, 일본과 러시아의 이해다툼 속
에 한반도의 운명을 또 다시 내맡겨서는 안 될 것이다.

• 송기호, 『동아시아의 역사분쟁』, 솔출판사, 2007 •

풍부한 사료와 자료를 바탕으로 동아시아 역사분쟁의 본질을 실증적으로 논하고 있는 책이다. 중국의 동북공정, 일본의 역사교과서, 독도 영유권 분쟁 등에 대해 체계적이고 종합적으로 분석하고 조망한다. 한국을 둘러싸고 벌어지는 역사분쟁의 역사적 맥락과 국제 현실정치의 패권주의를 파헤치면서, 한국사의 영역이 어디까지인지를 묻고 한국사의 정체성 확립을 위해 당면한 문제들을 제공하고 있다.

- 아사히신문 취재반, 『동아시아를 만든 열 가지 사건: 한국·일본·중국·
  대만이 함께 읽는 근현대사』, 김향·백영서 옮김, 창비, 2008 •

《아사히신문(朝日新聞)》 기자들이 2007년부터 연재한 특집기사 「역사는 살아
있다」를 단행본으로 묶은 책이다. 필자들은 근대 동아시아 150년의 중대사건
10가지를 테마로 현지의 학자 및 목격자들을 직접 인터뷰함으로써 현장성과
객관성을 높였으며 각국의 역사교과서 및 문화현상을 심층 취재하여 분석했
다. 이 책은 동아시아 근현대사를 주도해온 지배와 저항의 담론 대신에 교류와
연쇄라는 새로운 관점으로 볼 때 대립과 갈등의 관점으로는 해석될 수 없는 많
은 사실들을 찾아낼 수 있다고 말한다.

- 이삼성, 『동아시아의 전쟁과 평화』 전 2권, 한길사, 2009 •

미국외교와 국제정치가 전공인 저자가 십여 년 전부터 기원전에서 오늘에 이
르는 동아시아 질서에 대한 탐구에 눈을 돌려 방대한 분량의 책을 펴냈다. 역
사학을 비롯하여 비교역사학, 경제사학, 비교정치학, 국제관계학 등 여러 학문
적 영역의 연구성과들을 수렴하면서 동아시아 지역에서 전개된 전쟁과 평화시
대에 대한 저자 나름의 새로운 시대구분과 역사인식을 보여주려 시도하였다.
제1권은 전통시대를 다루고 있고, 제2권은 19세기 이후 근대동아시아의 말기
조선이 겪었던 전쟁과 평화를 다루었다.

- 이희환, 『이방인의 눈에 비친 제물포: 인천개항사를 통해 본 식민근대』,
  인천문화재단, 2011 •

1883년 개항 이후 조선의 국제관문이 된 제물포의 개항사를 이방인들이 남긴
기록을 통해 정리해본 책이다. 일본, 중국, 러시아, 프랑스, 미국 등 세계 각국
에서 온 기자, 선교사, 외교관, 여행가 등의 다양한 시선을 통해 근대 개항장 제

물포의 도시공간이 보다 입체적으로 조망되고 있다. 제물포를 다녀간 외국인들이 남긴 기록 및 인쇄매체에 담긴 다양한 제물포 관련 도판들을 통해 제물포에서 치열하게 전개된 식민근대의 실상을 여러 측면에서 확인하게 해준다.

• 박태균·유용태·박진우, 『함께 읽는 동아시아 근현대사』 전 2권, 창비, 2011 •

한·중·일 일국사들의 병렬이 아닌 통합적 지역사 서술을 목표로 동아시아 근현대사를 집필해온 역사학자 3인이 5년간 준비한 끝에 출간한 책이다. 2005년 첫 집필자 모임을 시작으로 매월 집필과 토론을 거쳐 완성하였다. 시기적으로는 17세기 초부터 2010년까지, 지리적으로는 벵골만 동쪽 지역부터 일본 북부와 사할린까지, 국가별로는 한·중·일을 중심으로 하되 베트남·타이완·필리핀·몽골 등을 포괄해서 저술하였다.

청제국의 유산과 중국의 21세기

이준갑

서울대학교 인문대학 동양사학과를 졸업하고 같은 대학원 동양사학과에서 석사학위와 박사학위를 받았다. 저서로 『중국 사천사회 연구 1644~1911: 개발과 지역질서』가 있고, 번역서로 『강희제』, 『반역의 책: 옹정제와 사상통제』, 『룽산으로의 귀환: 장다이가 들려주는 명말청초 이야기』 등이 있다. 현재 인하대학교 인문학부 사학 전공 교수.

청제국의 유산과 중국의 21세기

들어가는 말

최근 중국의 행보가 거침없다. 2009년 10월 1일에 거행된 건국60주년기념 분열식에서는 공중급유기, 조기경보기, 최신형 전투기와 탱크는 물론 핵미사일까지 동원했다. 중국은 국제사회를 향해 무력을 과시했는데 그 파장

〔사진 1〕 건국60주년 기념 분열식

은 특히 6·25전쟁에서 수많은 중공군과 악전고투했던 기억을 결코 지울 수 없는 한국 국민들에게 컸다. 중국의 군사적 자신감은 북한의 천안함 폭침사건과 연평도 포격 사태로 촉발된 한미해군의 서해상훈련에 맞대응하는 대규모 훈련을 실시한 것에서도 짙게 배어난다.

중국의 자신감을 뒷받침하는 것은 군사력뿐이 아니다. 2010년 5조 5천억 달러에 달하는 중국의 GDP는 일본을 앞질렀다. 국내총생산 규모에서도 미국 다음에 위치하여 이른바 G2를 구성하는 한 축으로 자리매김했다. 일인당 국민소득 수준은 한참 뒤진다는 지적도 있지만 필자가 목도한 상해, 항주, 영파, 온주 등 동남연해 지방 대도시의 번화함과 주민의 생활수준은 이미 선진국을 방불케 한다. 국제 외교무대에서도 자신감이 넘친다. 유엔에서 안보리 상임이사국으로서 활동하는 것은 물론이고 특히 한반도의 앞날과 밀접한 관련이 있는 6자회담의 의장국으로서 남북한은 물론 미국의 입장까지 조율했다.

도대체 이런 중국에 어떻게 대처해야 하는가? 한쪽에서는 한미동맹을 더욱 강화해야한다는 목소리가 나오는가 하면 다른 쪽에선 미래를 바라보고 중국과 친하게 지내야한다는 주장이 제기된다. 어느 한편에 치우치는 것보다 두 쪽 모두와 친선을 도모해야한다는 중도론도 만만치 않다. 냉정하게 따져보면 이런 주장들 속에는 모두 중국에 대한 불안감과 염려가 뒤섞여 있음을 부인할 수 없다. 개인의 행보조차 예측하기 어려운데 하물며 한 나라의 발걸음을 예측하는 것은 지난한 일임이 분명하다.

그러나 개인이든 민족이든 국가든 현재의 발자취는 과거의 발자취에 연결되어 있고 미래의 발자취는 현재의 발자취에 연속되어 있다. 그렇다면 21세기 중국의 행보는 이전 시대의 행보와 맞닿아 있을 것이 분명하다. 현재와 맞닿아 있고 중국 역사상 가장 강력한 제국을 건설했던 청조의 실체를 살펴보는 의의는 여기서 찾을 수 있다.

제국이란 무엇인가?

제국帝國은 황제가 지배하는 나라를 의미하지만 일반적으로는 정치적, 경제적, 군사적 역량을 바탕으로 문화적으로나 민족적으로 전혀 다른 국가(영역)와 그 구성원에게까지 통치권을 확장하는 국가를 가리킨다. 좀더 구체적으로 말하자면 제국이란 첫째, 주체의 측면에서는 황제를 정점으로 하여 그의 의사를 실천하는 관료와 군대가 유지되고 이들이 정치, 사회, 문화, 외교, 경제, 군사

등 각 방면의 제도를 운영하고 지탱하는 주역으로 활동한다. 둘째, 사상의 측면에서는 스스로 지역 질서의 담당자라는 사명감을 품고 주변 민족과 국가로 구성되는 지역의 질서를 창출하고 유지하는 중심의 역할을 수행한다. 셋째, 역량의 측면에서는 자국의 의사나 입장을 주변의 다른 국가나 민족에게 강제할 수 있는 다양한 수단—예컨대 군사적, 경제적, 문화적 수단—을 보유하고 행사한다. 이런 제국의 특성들 가운데 가장 기초적인 것은 여러 민족(국가)으로 구성된 군대를 조직하고 동원하여 주변의 적대적인 민족이나 국가를 정복하는 무력이라 할 수 있다. 청제국의 특징은 누르하치시대 때부터 점차 드러나서 18세기 후반의 건륭연간에 절정에 달한다.

제국의 기초적인 속성을 이처럼 주변의 민족이나 국가에 대한 무력정복에서 찾을 수 있다면 중국에서는 역사적으로 왜 제국의 출현이 잦았던 것일까? 한족들의 호전적 성격 때문일까? 그 원인은 만리장성 이남의 중국 내지는 거대한 농경사회인 반면 그 북쪽은 광대한 유목사회가 펼쳐져 있어서 문화적·경제적·사회적 기반이 서로 다른 두 사회가 빈번하게 충돌한 것에서 찾을 수 있다. 농경사회는 자급자족적이지만 북방의 유목사회는 자급자족이 불가능한 대외의존 경제였다. 따라서 유목사회에서는 농경사회와 접촉을 시도할 수밖에 없었고 그런 접촉의 한 형태가 농경사회와의 무력대결 양상으로 전개된 것이다. 유목사회의 도발에 대한 농경사회의 응전이 중국에서 제국이 출현했던 주요한 역사적 요인이었다. 중국 역대왕조의 무력행사가 남방보다 북방에 치우쳐 있고 만리장성을 비롯한 군사적 요새들이 북방에 주로 건설된 원인도 여기서 찾을 수 있다.

그런데 농경사회와 유목사회의 접촉은 전쟁을 포함하여 다양한 형태로 전개되었다. 생활터전인 초원의 생산력이 낮은 유목사회에서는 부족한 물자를 농경사회에서 구할 수밖에 없었다. 유목사회에서 농경사회와의 접촉을 통해 부족한 물자를 획득하는 방식을 세분화하면 ① 평화 시의 교역, ② 전쟁을 통한 약탈, ③ 조약을 통한 공납 획득, ④ 정복을 통한 지배이다. 역사상의 구체적 사례를 들어보면 다음과 같다. ① 1571년의 화의 이후 명과 몽골의 마시馬市(말-차·비단·도자기), 조공무역 ② 흉노의 한에 대한 침공, 15세기 중반 몽골의 명 침공, 후금(입관 이전 청)의 명과 조선 침공, ③ 1004년 요와 송의 전연의 맹약(매년 비단 20만 필, 은 10만 냥), 1044년 서하와 송의 화의(매년 비단 13만 필, 은 5만 냥, 차 2만 근), 정묘호란(1627)과 병자호란(1636) 이후 조선이 후금(청)에 지급한 세폐

④ 중세 위진남북조 시대의 북조의 여러 왕조 예컨대 북
위·동위·서위·북제·북주는 물론 후대의 요·금·원·청은
이민족(유목민족) 왕조로서 중국사회에 어떻게 대응했느
냐에 따라 침투왕조와 정복왕조로 구분된다. 침투왕조
란 중국을 지배하는 과정에서 자신들보다 수준이 높은
중국의 정치제도나 문화, 습관에 흡수·동화되어버린 유
목민족 왕조를 지칭하는 것이다. 수·당 이전에 건설된 유
목민족 왕조가 여기에 속한다. 반면 정복왕조는 지배과
정에서 중국문화에 동화되지 않고 독자적인 문화를 유지
했다. 즉 유목민족 스스로의 정치·군사조직이나 전통과
종교를 유지하면서 한족들의 농경문화와는 다른 독자성
을 유지했다. 요·금·원·청이 여기에 속한다. 이들 유목민
족들은 농경민족을 지배하는 역사적 경험을 축적하면서
독자성을 유지하는 노선을 취했다.

그러나 유목민족이 중국을 정복하고 지배하더라도 그
왕조는 유목민족의 왕조일 수만은 없었다. 자신들보다
훨씬 많은 수의 농경민족인 한족들을 위한 정치를 하지
않는다면 왕조의 수명이 단축될 수밖에 없기 때문이었
다. 유목민족과 농경민족을 통합한 왕조가 출현해야 했
던 것이다. 청조의 황제는 농경사회와 유목사회를 통합하
여 지배하는 군주였다. 자금성의 궁궐 현판들은 이 점을

잘 드러내준다. 자금성은 황제의 공식 집무공간과 황제와 황후를 비롯한 황족들의 주거(사생활)공간으로 구분되어 있다. 자금성 전반부에 배치된 황제의 공식 집무공간인 태화전·중화전·보화전의 현판은 지금은 한문으로 새겨져 있지만 청대에는 만문과 한문으로 병기되어 있었다. 사생활 공간인 건청궁·교태전·곤녕궁의 현판은 청대에(물론 지금도) 만문과 한문으로 병기되어 있었다. 청조의 황제는 국사를 돌보든 개인으로서 일상생활을 하든 혈통상으로는 만주족이지만 문화적으로는 한족들의 전통도 존중한다는 입장을 표명한 것이다. 이 점은 유목민족 왕조로 출발한 후금(청)이 중국 내지를 지배하고 농경민족 왕조의 색채를 덧붙이게 되면서 준가르와 같은 서북방의 유목민족과 대규모 무력대결을 펼칠 수밖에 없었던 속사정을 설명해준다.

청제국의 탄생(1616~1643)

청제국이 주변 민족과 국가를 정복하면서 출현했다면 제국을 구성하는 지역의 층위가 다양하리라는 점을 짐작할 수 있다. 청제국은 발상지인 동북의 만주, 중국 내지의 중앙(북경)-지방-소수민족 거주지(토사·토관의 지배), 서북방의 번부라는 세 지역으로 구성되었다.

청제국은 1636년 홍타이지(청 태종)가 청을 건국하고 황제를 칭함으로써 탄생하였다. 그러나 그에 앞서 청제국의 기반을 마련한 자는 아버지 누르하치였다. 누르하치는 건주좌위 소속 여진족의 지배층 출신으로 명의 요동 지휘관 이성량 휘하에서 세력을 키웠다. 그러다가 명군이 할아버지와 아버지를 살해하자 누르하치는 군사를 일으켜 건주여진, 해서여진, 야인여진을 통일하였다.

누르하치는 만주족을 통일하면서 사회조직의 근간인 팔기를 조직하였다. 팔기제도의 기본단위는 만주족의 수렵관행에서 발전한 일종의 씨족조직인 니루(화살이라는 뜻)였다. 초기의 1니루는 10인으로 구성된 혈연단위였다. 그러나 만주사회가 팽창하면서 니루는 300인을 단위로 한 행정, 군사 조직으로 개편되었다. 니루를 기초로 1601년 무렵에는 홍, 황, 남, 백의 4기가 조직되었고 1615년에는 양홍, 양황, 양남, 양백 4기가 추가되어 팔기가 탄생하였다. 팔기조직은 훗날 몽고팔기(1635)와 한군팔기(1642)로까지 확대되었다.

만주사회가 정비되자 누르하치(태조)는 1616년에 후금後金을 건국하고 요새인 허투아라에 도읍하면서 여진족의 후예임을 표방하고 연호를 천명天命이라 하였다. 후금은 요동지배권을 놓고 명과 각축하였다. 누르하치는 천명 3년(1618)에 이른바 '칠대한七大恨'을 선포하고 요동을 공격하기 시작하였다. 후금군은 조선군과 연합한 명군을 사르후 전투에서 대패시켰다. 후금은 요동공략에 박차를 가해 1619년에는 철령과 개원을, 1620년에는 무순을 1621년에는 심양과 요양을 점령하였다. 누르하치는 1621년 요양에 성곽을 쌓아 도읍으로 삼고 이주하였으나 소규모인데다 방어하기도 어려워 1625년 다시 심양으로 천도했다. 이곳은 명·몽고·조선으로의 접근이 용이하고 물자유통이 활발하며 방어하기 쉬운 지형적 조건을 갖추고 있었다.

1626년 누르하치가 사망하자 아들 홍타이지(태종)가 즉위했다. 홍타이지는 1627년 조선을 침공(정묘호란)하고 화친하여 막대한 경제적 이득을 취하였다. 후금은 매년 받는 세폐 이외에 쌀, 과일, 약재, 소, 베, 종이 등의 교역을 요구하였다. 후금은 조선에서 입수한 물자의 일부를 몽골 전마를 구입하는 재원으로 활용했다. 또 1635년에는 원과 북원의 정통성을 계승한 차하르부를 복속시킴으로써 동몽골 일대를 영향권 하에 두었다. 이때 홍타이지는 원나라의 옥새를 수중에 넣어 원의 계승자로서 천명을 얻었다는 명분을 쌓을 수 있었다. 홍타이지는 팔기의 군권을 장악하고, 투항한 한인관료들을 우대하며, 관료 조직을 정비하여 1636년에는 대청大淸제국을 탄생시켰다. 만주족만의 후금에서 탈피하여 만·한·몽의 세 민족으로 구성된 다민족국가를 출범시킨 것이다.

중국 내지의 정복(1644~1683)

입관 직후인 순치 원년(1644)부터 대만평정이 완료되는 강희 22년(1683)까지는 청조가 중국 내지를 정복하는 시기였다. 산해관을 돌파한 청조가 해결해야할 가장 중대한 과제는 만주에서와는 비교할 수 없을 정도로 인구가 많고 사회구성이 복잡하며 세련된 문화가 축적된 중국 내지를 어떻게 성공적으로 정복하고 지배할 것인가 하는 것이었다. 물론 청조는 입관 이전부터 대외적으로는 주변 국가와 민족을 복속시키는 한편 대내적으로는 한인지식인과 장수들을 포섭하고 지배체제를 정비하면서 중국을 정복하기 위한 치밀한 사전 준비에 착수하였다. 그렇지만 청조에게 있어서 중국을 정복하고 지배하는 것은 요동 지방에서 명의 군대를 공격하고 격파한 전쟁과는 비교하기 어려울 정도로 훨씬 차원이 높은 대업이었다. 명에서 벼슬을 살다 청에 투항한 이신貳臣들이 청조의 대업 완수에 적극적으로 동참하였지만 청조로서도 대업의 성취를 낙관할 수만은 없는 처지였다. 청조가 입관하여 중국의 정복과 지배에 나서는 것은 한편으로는 대업을 완수하기 위한 발걸음을 내딛는 것이지만 자칫하면 오히려 지금까지 쌓아올려 놓은 것을 무너뜨릴 수도 있는 일대 모험이기도 했다. 순치제가 청군 주력부대와 함께 순치 원년(1644) 4월에 입관하지 않고 청군이 북경을 점령한지 다섯 달 가량이 지난 그해 9월 19일에야 비로소 북경에 입성한 사실은 청조가 처음부터 대업의 성취를 확신한 것은 아니라는 점을 드러낸다.

그렇다면 청조는 입관 이후 어떻게 중국을 정복하고 궁극적으로 지배할 수 있었을까? 지금까지의 밝혀진 이유에 따르면 크게 중국 사회의 약점과 청조의 강점으로 나누어 설명할 수 있다. 당시 중국 사회가 안고 있던 치명적 약점으로는 명조가 이자성의 군대에 멸망당한 이후 사회모순을 해소하고 사회적 역량을 결집할 수 있는 대안세력이 부재했다는 사실을 들 수 있다. 남명정권과 농민군세력이 존재하기는 했다. 하지만 전자는 국지적 정권의 한계를 벗어나지 못한 데다 내분이 심했고 정치적 역량도

부족했다. 후자는 약탈을 일삼는 유구의 행태에서 벗어
나지 못했다. 이들이 민심을 수습하기에는 역부족이었다.
각 지방에는 신사紳士와 지주들이 주축이 된 무장자위 세
력과 토적이나 유구 세력이 있었다. 전자는 자신들의 재
산과 생명을 지키는 것이 지상의 목표였고 후자는 전란
의 와중에 약탈해서 생존하는 것이 목표였다. 이들 역시
대안세력으로 성장하기에는 한계가 너무나 뚜렷했다.

중국 측의 이런 약점 때문에 청조는 중국 사회를 정복,
지배할 수 있는 대안세력으로 부상할 수 있었다. 청조는
입관 이후 황제를 정점으로 조직화된 만·한의 관료, 팔기
와 명의 투항병으로 구성된 군대를 보유하고 민심을 수
습하는 일관된 정책을 집행할 수 있었다. 이와 더불어 청
조는 동란의 와중에서 생명과 재산을 지키려고 전전긍긍
하던 명의 지배층인 신사층에게 기득권까지 보장해주겠
다고 약속했다. 결국 이들을 포섭하여 지지자로 만드는
데 성공했다. 유교적 교양에 기반을 둔 이들의 능력을 정
치·사회·문화 등 각 방면에서 발휘할 수 있도록 함으로
써 청조는 군사적으로 정복한 후 장기적인 지배에 착수
할 수 있었다.

소수민족 거주지의 직접지배 관철(1723~1735)

중국 남방의 운남, 귀주, 광서, 호남, 사천 등지의 변경 산간지대에는 요족, 이족, 묘족 등의 소수민족이 거주하면서 대대로 반독립적인 상태를 유지했다. 이들은 고유한 말과 생활습관을 갖고 있었다. 이들의 족장은 크고 작은 부락을 통솔하며 청조로부터 지배권을 세습하는 권한을 부여받았다. 이들이 토사土司였다.

청대에 들어와 한족들의 인구가 늘어나자 범죄인, 상인, 광산업자, 노동자 등이 토사가 지배하는 소수민족 거주지역으로 유입했다. 한인들은 소수민족이 필요로 하는 물품을 팔고 재산을 모아 토지를 사 모으고, 광산을 불법 개발하면서 그들의 재산을 잠식했다. 범죄인들도 소수민족 거주지로 잠입하여 관원들의 단속을 피했다. 재산에 손실을 입거나 폭행을 당한 소수민족이 한인에게 보복하면 한인들도 집단행동으로 맞섰다. 양측의 충돌이 격화되고 치안부재 상태로 치달으면 대규모 살인과 방화, 약탈이 발생하기도 했다. 청조의 입장에서는 토사 관할지역을 직접지배할 기회를 엿보고 있었다.

옹정제(재위 1723~1735)는 토사들을 청조 관료로 대체하는 조치를 단행했다. 이를 개토귀류改土歸流라 한다. 관할

구역에 대한 지배권과 세습권을 박탈당한 토사들은 반
란을 일으켰지만 청조는 무력 진압에 나섰고 건륭 초년
에는 이를 완전히 종식시켰다. 중국 내지에서 반독립적
인 상태로 남아있던 소수민족 거주지가 청의 직접지배 지
역으로 바뀌었다. 중국 내지 전역에 중앙집권적 직접통치
방식이 관철되었다.

번부藩部의 성립

직접지배가 관철된 소수민족 거주지와는 달리 서북변
방에는 간접통치가 행해지는 몽골, 티베트, 회부回部가 존
재했는데 이들을 번부라 하였다. 유목지역에 속하는 번
부는 농경지역인 중국 내지와는 사회구성이나, 생활습관,
언어와 풍습 등에서 서로 달랐다. 따라서 청제국에서는
관료와 군대를 파견하기는 했지만 불가피한 경우가 아니
면 직접통치는 피했다. 청제국이 번부를 복속시킨 과정은
다음과 같다.

동몽골

몽골은 동몽골과 서몽골로 분리되어 있었다. 동몽골

에서는 원의 후예인 타타르부가 고비사막 남쪽에서 유목하였다. 서몽골에서는 오이라트 4부가 이리를 중심으로 유목하였다. 고비사막 남쪽의 내몽골에는 코르친부, 할하 5부(외몽골의 할하 3부와는 별도의 존재), 원을 계승한 차하르부가 존속했다. 만주와 경계를 접한 코르친부는 1593년 누르하치를 공격했다가 패하고 이듬해 할하 5부와 함께 몽골 최초로 누르하치와 화친했다. 차하르부의 릭단 칸汗은 명의 이이제이以夷制夷 정책을 수용하여 세폐를 받으며 누르하치에 대항하면서 몽골의 여러 부락을 공격했다. 릭단 칸의 침략을 받은 코르친부는 1626년 누르하치에게 조공을 바치고 차하르부에 대한 공수동맹을 맺어 몽골 최초로 누르하치(후금)에 복속하였다. 할하 5부는 1628년부터 홍타이지에게 정복당했다. 차하르부의 릭단 칸은 홍타이지의 공격을 피해 서쪽으로 도주하다 1634년 사망했다. 이듬해에는 그의 아들이 홍타이지에게 사로잡혀 투항하면서 차하르부는 후금에 복속했다. 이때 홍타이지는 차하르부에 있던 원의 옥새를 장악하였다. 1636년 내몽골 16부의 49왕공들이 홍타이지에게 보크두처진神武英明 칸이라는 칭호를 올리면서 내몽골 전체가 청조에 복속했다.

고비사막 북쪽의 외몽골이 청조에 본격적으로 복속하

기 시작한 것은 강희제(재위 1661~1722)의 치세였다. 외몽골의 할하 3부가 소속 유목민의 장악을 둘러싸고 분쟁하자 유목제국 건설을 꿈꾸던 서몽골 준가르부(오이라트 4부의 하나)의 지배자 갈단이 1682년에 침공하였다. 이에 할하 3부는 도주하여 청조에 투항했고 이들의 보호자로 자처한 청조는 갈단과 세 차례의 접전을 통해 패사시키고 1697년 할하 3부를 고토로 복귀시켰다. 이리하여 청조는 동몽골 복속을 완료했다.

티베트

몽골인이 라마교를 신앙하고 청조의 경쟁자인 준가르가 라마교의 보호자로 자처하자 청조는 라마교의 총본산인 티베트와 긴밀한 관계를 맺고자 했다. 청조는 청해에서 유목하던 호쇼이트부에게 적극적으로 투항을 권했다. 청해의 호쇼이트부는 1692년 북경으로 사신을 파견해 강희제를 만나고 신하로서 복속할 것을 서약했다. 호쇼이트 출신의 라잔 칸은 준가르와 결탁하려는 달라이라마의 집정관 디이와 권력투쟁을 펼쳐 전권을 장악했다. 그리고 기왕의 제5대 달라이라마를 폐위시키고 새 인물을 제6대 달라이라마로 옹립했다. 티베트인과 호쇼이트부는 새로 즉위한 달라이라마의 정통성을 인정하지 않았

다. 폐위된 라마가 북경으로 호송하는 도중에 사망하자
호쇼이트부는 새로운 라마(귀탕裏塘 라마)를 찾아내었다.
청조는 두 달라이라마 간의 화해를 도모했다. 1711년 준
가르 군대가 분열을 틈타 라싸를 공격하여 라잔 칸을 살
해하고 그가 옹립했던 6대 달라이라마도 폐위시켰다. 청
군은 호쇼이트부의 군대와 함께 라싸로 진군하여 준가르
군을 쫓아냈다. 그리고 호쇼이트부가 보호하던 귀탕 라
마를 제7대 달라이라마로 즉위시켰다. 제7대 달라이라마
옹립을 계기로 청조는 티베트에서 종주권을 행사했다. 이
에 불만을 품은 청해의 호쇼이트부는 1723년(옹정 원년)
반란을 일으켰으나 진압되었다. 그 후 티베트에서 청해
호쇼이트부의 영향력은 소멸했고 청조는 라마교와 달라
이라마의 보호자로서 티베트를 장악했다.

서몽골

　서몽골의 준가르부는 초로스, 두르베드, 호쇼이트, 토
르구트의 사부연맹체四部聯盟體로 구성되었다. 사부를 대표
하는 군주가 준가르 칸이었다. 1723(옹정 원년)년 호쇼이
트부의 친왕 뤄보장단진羅卜藏丹津은 시닝西寧 일대를 공격했
다. 시닝 일대의 라마교 사원도 이에 동참했다. 청조에서
는 사천·섬서에서 군대를 징발하여 반란을 평정하였다.

청군의 공세에 밀린 뤄보장단진은 준가르 칸인 체왕랍탄에게 도주했다. 1725년에 청조는 판리청해몽고번자사무대신辦理靑海蒙古番子事務大臣을 설치하고 청군을 주둔시켰다. 또 내몽골에서 시행하던 맹기제도를 청해에 도입하여 몽골 왕공들의 자치권과 특권을 인정하는 대신 청조와 황제에게 충성을 다하게 했다. 반란에 동참했던 라마 사원의 규모를 삭감했다. 청해의 티베트인들은 위소제도衛所制度로 통치했다.

건륭 초년에 칸위를 뺏는 일이 잇따르면서 준가르가 내분상태에 빠지자 준가르의 지배자 가운데 청조에 투항하는 자가 속출했다. 1754(건륭 19)년 준가르부 속하의 후이트부 추장 아무르사나가 준가르의 다와치 칸과 불화하다 청조에 투항했다. 준가르를 제압할 절호의 기회를 잡은 건륭제는 1755년 아무르사나를 안내자로 삼아 제1차 준가르 공격에 나섰다. 학정으로 인한 민심이반과 내분으로 다와치 칸은 제대로 저항해보지도 못했다. 청조는 '병사 한 사람 상하지 않고 화살 한대 부러지지 않았다'고 할 정도로 손쉽게 준가르의 지배자 다와치 칸을 사로잡고 이리를 점령했다.

이 전쟁에서 승리하자 건륭제는 『평정준가르방략』을 편찬하게 하고 다와치가 최후로 저항하던 이리 격등산伊犁 格

[사진 2] 어제평정준가르고성태학비

登山에는 만주문·한문·몽골문·티베트문으로 새겨진 '평정준가르륵명격등산지비平定準噶爾勒銘格登山之碑'를 세웠다. 국자감을 비롯한 전국의 학교에는 만滿·한문漢文으로 씌어진 '어제평정준가르고성태학비御制平定準噶爾告成太學碑'를 세우게 했다. 이 비문에서 건륭제는 몽골인·티베트인·만주인·한인 등 청조가 지배하던 여러 민족, 그 중에서도 특히 절대 다수를 차지하는 한인(지식인)에게 준가르를 청제국에 편입시켰음을 선포하였다. 또한 태묘太廟에는 준가르 평정을 고하는 제사를 직접 지냈고 천天·지地·사社·직稷과 곡부曲阜의 공묘孔廟에는 관원을 파견하여 제사지내게 했다. 준가르를 완벽하게 제압했다고 판단한 이 무렵이 건륭제에게는 절정의 시기였다. 할아버지 이래의 숙원을 풀었으며 자칭했던 중외공주中外共主·천하대군天下大君의 칭호에 어울리는 위업을 달성했다고 판단했기 때문이다. 전국각지의 문무 관료들에게서 준가르 정복을 축하하는 주접이 쇄

도했다. 그런 축제분위기는 몇 달이 채 못 되어 투항했던 아무르사나의 반란으로 산산조각이 났다.

청군의 안내자 노릇을 했던 아무르사나가 1755(건륭 20)년 8월 청에 반기를 든 까닭은 준가르 통치방식에 대한 견해차 때문이었다. 건륭제는 준가르 공격을 단행할 때부터 준가르 사부연맹체四部聯盟體에 각각의 지배자를 임명하는 사칸분봉체제四汗分封體制를 실시하겠다고 천명했다. 대군을 파견하고 막대한 재정지출을 감내하면서 정복한 준가르에, 권력을 장악하면 수시로 청조와 대결을 불사했던 일인 지배체제를 온존시키기가 부담스러웠기 때문이었다. 승전 후의 논공행상에서 건륭제는 아무르사나를 사칸四汗의 하나인 후이트輝特(토르구트 소속의 별부別部) 칸에 봉했다. 사칸분봉체제는 준가르 전체를 통합하여 지배하는 준가르 칸이 없다는 점, 기제旗制와 맹盟이 설치되어 군사적·정치적 실력이 분산되고 청조의 간섭을 받을 수밖에 없다는 점에서 이전의 준가르 지배체제와 확연히 달랐다. 사칸분봉체제는 준가르를 장악하려는 청의 기미책羈縻策이었다.

아무르사나는 자신이 준가르부의 유일한 지배자가 되기를 원했지만 받아들여지지 않자 반청 거사에 착수하여 이리에 주둔하던 500명의 청군 병사들을 몰살시켰다. 이에 건륭제는 제2차 준가르 공격(1755~1758)에 착수했다. 준가르 주민을 포섭하는데 주력했던 1차 공격 때와는 달리 청군은 건륭제의 명령에 따라 준가르를 도륙했다. 건륭제는 화이론에 입각하여 투항과 배신을 반복하는 준가르는 개나 양과 다름없다고 비난하며 살육을 명했다. 청군에 쫓기던 아무르사나는 러시아로 도주했으나 천연두에 걸려 사망했다. 준가르를 정복하자 건륭제는 이리에 이리장군伊犁將軍을 설치하고 사칸분봉체제보다 청조의 지배력이 훨씬 강화된 군정합일軍政合一의 군부제軍府制를 시행했다.

회부

제1차 준가르 공격으로 이리를 점령한 청군은 이곳에 구금되었던 위구르인 회교지도자들을 석방했는데 그 가운데 호자형제도 포함되어 있었다. 호자형제의 형은 회교지도자들이 모여 사는 카슈가르로 가고 동생은 아무르사나의 반란 진압에 참여했다. 그러다가 카시가리아의 형에게로 도망쳐 천산남로 일대에 회교국가를 건설하기 위해 형과 함께 청조에 반기를 들었다. 청조는 1758년 군대를 파견하여 반란 진압에 나섰다. 이듬해 바닥샨 일대에서 위구르 군대는 청군에 대패했고 호자형제는 피살되었다. 이후 청군은 카슈가르, 야르칸드 등을 점령하여 회부 평정을 완료했다.

번부 통치와 이번원理藩院

청조의 번부 통치 양상은 제국의 특성을 분명히 드러낸다. 번부에서는 전통적으로 유지되던 사회제도를 온존시킨 채 지배층에게 자치를 허용했다. 이들을 활용하여 내지에 거주하는 다수의 한족들을 견제하려 했다. 하지만 몽골의 경우 만주족보다 우월한 문화와 역사적 경험을 축적하였으며 군사력도 청조를 위협하기에 충분했다. 번부를 무작정 지원하고 보호할 수는 없었다. 따라서 청조는 한족을 적절하게 견제할 수 있는 선에서 번부를 지원하되 이들이 자신을 위협하는 실력을 갖추는 것은 허용하지 않는 정책을 취했다. 그리하여 청조는 번부에 분할통치 원칙을 적용하는 한편 번부와 중국 내지의 연결을 철저히 차단했다. 번부에 대한 청조의 통치 방식을 간략히 살펴보면 다음과 같다.

몽골

대부분 지역에는 자사크(집정執政이란 의미의 몽골어) 기제旗制를 실시했다. 이 제도는 부部 단위로 편성되었던 몽골의 사회조직에 만주족의 팔기제도를 접합시킨 것이다. 부를 몇 개의 기旗로 나누고 기지旗地와 기민旗民을 고정시킨 다음 기의 우두머리인 자사크에 기존의 몽골 왕공을 임명하고 세습을 인정한 것이 자사크제였다. 이 제도는 몽골 왕공들의 자치권과 세습권을 인정한 대신 청조에 대한 충성을 요구한 것이다. 이 제도가 실시됨으로써 몽골인들은 자신의 지배자를 바꾸고 목초지를 옮길 수 있는 전통적인 권리를 상실했다. 대세력 형성의 기회가 원천적으로 차단되어 청조를 위협할 만한 세력으로 성장하는 것도 불가능해졌다. 기의 상부에는 맹盟을 설치하였다. 맹의 우두머리인 맹장은 세습직은 아니며 청조에서 신임하는 자사크가 임명되었다. 맹장은 청조의 시책을 각 기에 전달하고 기를 감독하는 역할을 수행했다. 그러나 청조에 위협이 될만한 세력을 갖춘 강대한 몽골 부에 대해서는 청조가 직접통치하는 방식을 도입했다. 예컨대 청에 맞섰던 차하르부에는 만주인 총관을 파견하여 청조가 직접 관리했다.

티베트

정교합일 전통을 살려 달라이라마를 정치적, 종교적 수령으로 인정했다. 동시에 세속행정을 집행하는 평등한 네 명의 카포룬噶布倫을 설치했다. 분할통치의 원칙도 적용하여 달라이라마는 포탈라궁에 거주하며 전장前藏의 정치와 종교를 관장하게하고 자스룬포궁에 거주하는 판첸라마에게는 후장後藏의 정치와 종교를 맡겼다. 그 위에 주장대신駐藏大臣과 군대를 파견하여 이들을 감독하게 했다. 주장대신의 권한은 갈수록 강화되었다. 티베트 관원들은 군사, 재정, 외교에 관한 일체의 사안을 주장대신의 허락을 받아 처리했다.

신강

준가르의 고토 천산 남북지역에 설치된 신강에는 군정합일軍政合一의 군부제軍府制를 시행했다. 군부제는 준가르의 고유한 사회제도를 인정한 위에서 실시되었지만 청조가 직접지배하는 형태였다. 천산남로 일대에서 유지되던 벡(이슬람어로 우두머리의 의미)제도는 인정하되 세습권은 박탈하고 벡을 지방관으로 흡수하였다. 한족 거주지와 가까운 천산북로의 동부지역에는 내지의 주현제州縣制를 이식했다. 카자흐 등의 유목지역과 하미, 투르판, 쿠차, 악수 등지에

[사진 3] 이리 지방

서는 원래의 자사크제를 유지했다. 벡제, 주현제, 자사크제는 모두 군부제 하에서 이리장군伊犁將軍의 통제를 받았다.

번부 중에서 자치적 성격이 가장 강한 곳은 티베트였다. 청조로부터 지리적으로 가장 멀리 떨어져 있었고 청조가 라마불교의 수호자로 자처했으므로 티베트인과 충돌할 여지가 적었기 때문이었다. 몽골은 번부 가운데 가장 중요한 곳이었다. 청조는 이들을 엄격히 통제했지만 한편으로 몽골 지배층과 통혼하거나 작위를 수여하는 회유책도 병행했다. 준가르의 고토인 신강은 철저한 통제를 받았다.

번부를 관리하는 중앙기구가 이번원이었다. 이번원의 전신은 몽골아문이었다. 몽골아문은 내몽골의 각 부족이 투항하여 업무가 늘어나자 1636년 무렵 설치됐다. 1638년에는 이번원으로 명칭이 바뀌었다. 1659년에는 예부상서가 이번원의 우두머리인 이번원상서를 겸직했다. 그러나 몽골과는 조공 이상의 밀접한 관계를 맺었으므로 이번원은 1662년에 독립기구로 재조직되었다. 관할 지역도 확대되어 티베트와 신강, 러시아까지 포괄했다. 이번원 업무 가운데 중요한 것은 조공朝貢과 조근朝覲(황제 알현), 사냥이었다. 청조는 조공을 받음으로써 번부에 대한 종주권을 확인했다. 조근을 통해서는 번부의 왕공들을 북경으로 모아 개인적인 충성을 맹세하게 했다. 사냥에서는 제국의 무력을 과시하며 번부의 저항을 사전에 차단했다. 이번원의 상서와 시랑은 만주귀족이, 정원외시랑은 몽골 왕공이 차지하였고 한인관료들은 철저히 배제되었다.

중국의 21세기는?

청제국이 남긴 방대한 영토와 복잡한 대내외 관계를 계승한 현대 중국은 미래에 어떤 모습으로 국제사회에서 활동할 것인가?

중국은 지금 화평굴기和平堀起의 원칙하에 대내외적으로

활동하고 있다. 이것은 1978년 중국공산당이 개혁개방 노선을 채택한 이래 줄곧 견지해온 원칙으로, 대외적인 평화와 대내적인 조화라는 기조 아래 중장기적으로 중국의 발전을 모색한다는 내용을 담고 있다. 덩샤오핑 이래 장쩌민과 후진타오 주석이 견지한 발전전략은 이 화평굴기론에 바탕을 두고 있다. 2003년 당시 중국공산당 중앙당교 상무 부교장이었던 정비젠鄭必堅 교수는 화평굴기를 하나의 분명한 개념으로 창안하고 제시했다. 후진타오 주석이 중국사회 발전 모델로 내건 균형과 조화를 추구하는 화해和諧사회 이론도 화평굴기의 대내적 속성을 강조한 것이다.

화평굴기론에서 우리가 주목할 부분은 철학적 기초이다. 화평굴기론은 『논어』의 "자신이 하고 싶지 않은 일을 남에게 하도록 강요하지 말라〔己所不欲 勿施於仁〕"는 구절과 중국인들이 일상생활 속에서 흔히 사용하는 격언인 "남을 편하게 해주면 나도 편해진다〔與人方便, 與己方便〕"는 말에 기초를 두고 있다. 개인 관계를 규정하는 도덕이 사회관계와 국제관계에까지 적용되고 있는 것이다.

화평굴기론에 내포된 바, 타자의 의사를 존중하고 배려하는 자세는 청제국의 자기중심적인 화이론이나 중화주의를 주변민족과 국가에 강제하는 대외관과는 다르다.

하지만, 화평굴기론의 철학적 기초는 역사적 전통에 입각한 것이 아니라 유교경전의 구절에서 비롯된 것이다. 따라서 현실성보다는 이상론적 측면이 더 돋보인다. 그러면 화평굴기론의 이런 이상론적 속성은 곧 공허함의 또 다른 측면을 나타내는 것에 불과한가? 무력에 입각하여 자신의 의지를 강요하던 청제국의 유산이 21세기 중국에서 그대로 계승될 것인가? 여기서 우리는 청제국이 자기중심의 세계관을 주변에 강요하며 주변에서 이를 수용하지 않을 때 무력을 동원하여 공격하고 정복했던 당시의 환경을 좀 더 구체적으로 구분해서 생각해 볼 필요가 있다.

제국을 탄생시키고 그것을 확장하기 위해 중국 내지를 정복하는 과정에서 보인 청제국의 자세는 공격적이고 적극적이었다. 명군과의 빈번한 전투, 차하르부에 대한 대규모 공격, 조선에 대한 공격 등은 그런 대표적 사례이다. 당시의 청제국은 미처 자급자족의 경제구조를 마련하지 못했을 뿐만 아니라 군사적·정치적인 안정도 아직 확보하지 못했다. 빈번한 대외전쟁은 경제적 궁핍과 정치적·군사적 불안을 해소하기 위한 방책으로 취해진 것이다. 한마디로 '뺏는 전쟁'을 수행한 것이다.

그러나 중국 내지를 정복하여 제국의 토대를 확고하게 마련한 후에는 청조의 자세가 변했다. 무력 사용을 가급적 자제했지만 일단 전쟁에 돌입하면 상대방을 철저하게 제압할 때까지 멈추지 않았다. 준가르부와 70여 년에 걸쳐 단속적으로 무력충돌을 벌이다가 철저하게 복속시킨 일이 그 대표적인 사례이다. 중국 내지에서 제국 경영에 공을 들인 청조는 경제적 궁핍과 정치적 불안을 떨쳐버렸다. 따라서 입관 후에는 궁핍과 불안을 이유로 주변을 공격할 이유와 명분은 약화되었다. 막강한 군사력을 보유한 준가르의 공격은 제국의 안정을 위협하는 치명적인 것이었으므로 풍부한 물자와 많은 병력을 동원하여 제압했다. '지키는 전쟁'에 나선 것이다.

청조의 역사적 행보를 참고하여 미래 중국의 대외 노선을 짐작해보면 다소간 문제가 발생하더라도 주변국가와 민족에게 섣불리 무력행사에 나서지는 않을 것으로 보인다. 이미 현재의 중국은 청제국과 다름없이 거대한 경제력과 막강한 군사력, 안정된 정치력을 확보하고 있기 때문이다. 무언가가 부족하여 '뺏는 전쟁'에 나서야할 필요를 느끼는 단계는 이미 지난 것이다. 즉 이제 G2의 반열에 올라선 중국은 바깥에서 구해야 할 것에 대한 갈구보다는 이미 안에서 확보한 것을 지켜야할 필요를 훨씬 강하게 느끼고 있다. 따라서 중국의 정치적·경제적·군사적 안정에 결정적으로 위협을 가하는 국가와 민족, 세력이 출현하지 않는 한 '지키는 전쟁'에도 나서지 않을 것으로 보인다. 주변국들 간의 작은 다툼이야 어쩔 수 없지만 이미 G2의 한 축을 구성하는 중국을 심각하게 위협할 수 있는 존재는 드물 것이다. 따라서 이미 많이 가진 것을 지키는 방법은 바깥에서가 아니라 스스로에게서 찾아야 한다. 그 방법이 바로 '자신이 하고 싶지 않은 일을 남에게 하도록 강요하지 말라'는 화평굴기론의 철학적, 이상적 요소이다. 이것은 공허한 메아리가 아니다. 남을 위한 배려도 아니다. 중국이 이웃과 공존하며 스스로를 지키는 가장 효과적인 방식이다.

나가는 말

한국과 중국은 전쟁의 기억보다 선린의 기억이 훨씬 풍부하다. 조선 사신들이 명·청에 다녀온 경험을 기록했던 수많은 연행록(조천록)들이 그 사실을 웅변해 준다.

그럼에도 불구하고 우리가 중국의 행보를 청제국의 그것과 굳이 연관 지어보는 근본 이유는 한반도의 통일문제 때문이다. 청제국을 포함한 중국의 왕조들은 예외가 없이 이이제이와 분할통치 원칙에 입각하여 주변민족과 국가들의 성장과 발전을 막는데 노심초사했다. 그것이 제국을 안정시키는 확실하고 효과적인 방식이라고 판단했기 때문이었다. 그러므로 한반도 통일 움직임이 본격화하면 중국은 변방의 안정이 위태롭다고 판단하여 돕기는커녕 방해하지나 않을까하는 우려를 품게 된다.

그러나 한반도의 역대 왕조는 중국을 먼저 위협한 적이 없다. 이 점이 중국 주변에 위치한 몽골, 티베트, 준가르와 한반도에 들어섰던 왕조의 결정적 차이이다. 한반도는 중국 내지와 같이 자급자족이 가능한 농경사회였으므로 굳이 바깥으로 나가 '뺏는 전쟁'을 할 필요가 없었기 때문이었다. 통일 한국도 정치, 경제, 사회 등 각 방면에서 지켜야 할 가치가 많은 나라이다. 한반도의 통일이 결코 중국의 안정에 위협이 되지 않는다는 말이다. 『조선왕조실록』과 『명실록』, 『청실록』을 비롯한 수많은 서적에 문자로 기록된 분명한 교류의 증거들이 이를 웅변하고 있다. 화평굴기론의 '자신이 하고 싶지 않은 일을 남에게 하도록 강요하지 말라'는 철학적 기초는 21세기 중국이 청제국과는 다른 방식으로 이웃과 공존하리라는 점을 공개적으로 선언한 것이다.

• 문정인, 『중국의 내일을 묻다』, 삼성경제연구소, 2010 •

정치학을 전공한 저자가 중국의 대학이나 연구소에서 대외관계를 전공하는 저명학자들과 직접 대담하면서 그들의 입을 통해 언급된 중국 굴기의 자세, 대외전략, 한반도 인식 등을 자세하게 소개하고 있다. 이 책이 갖는 최대의 장점은 중국 지식인들의 생생하고도 솔직한 육성을 직접 들을 수 있다는 점이다.

• 인하대학교 한국학연구소 편, 『중국 없는 중화』, 인하대학교 출판부, 2009 •

한국, 중국, 일본, 동남아시아의 역사와 문화를 공부하는 11명의 학자들이 17세기 이후 동아시아 각국에서 형성된 세계관의 내용과 특징을 분석한 연구들을 모은 책이다. 17세기 이후 동아시아 각국에서 중국 중심의 세계관을 대체하는 자국 중심의 세계관이 형성되는 과정을 탐색하는데 유용하다.

• 정동근, 『후진타오와 화해사회』, 동아시아, 2007 •

중국의 최고지도자인 후진타오 주석이 추구하는 중국의 미래상인 '조화로운 사회(화해사회)'가 등장하게 된 시대적 배경, 이론적 개념과 현실에서의 적용 양상을 정치, 경제, 사회, 외교 등의 방면에서 접근하여 분석한 책이다. 중국 전문 기자의 생동감 넘치는 분석 덕분에 중국 지도부의 고뇌와 그들이 추구하는 미래 중국의 청사진을 파악하는 데 유용하다.

• 최원식, 『제국 이후의 동아시아』, 창비, 2009 •

한국의 동아시아 담론을 선도해온 최원식 교수가 1993년 이후 발표해온 동아시아론을 묶어서 출판한 논집이다. 긴장과 갈등으로 점철된 동아시아 세계의 모순을 극복하고 평화와 소통에 기초한 동아시아를 건설하는데 필요한 자세와 방법을 제시하고 있다. 국내 동아시아 담론의 방향과 폭, 깊이를 가늠하기에 적합한 책이다.

『광해군』, 『임진왜란과 한중관계』라는 두 권의 저서에서 조선 중기 한중관계의 특성을 날카롭게 파헤친 저자가 16세기 말에서 17세기에 걸친 조선·중국·일본 세 나라의 상호관련성을 주목하여 분석한 책이다. 조선시대의 외교관계를 조중관계, 조일관계라는 양국적 차원에서가 아니라 조·중·일 삼국의 유기적 관계 속에서 파악함으로써 당시 동아시아 세계에서 펼쳐진 외교관계의 실상을 설득력 있게 제시하고 있다.

한국근현대사의 미국인들

– 제국주의 앞잡이인가? 한국의 친구인가?

안종철

서울대학교 인문대학 국사학과를 졸업하고 미국 하버드대학교 동아시아학과에서 동아시아와 미국관계로 석사학위, 서울대 국사학과에서 「미국 북장로교 선교사들의 활동과 한미관계, 1931~1948」로 박사학위를 받았다. 지은 책으로 『미국선교사와 한미관계, 1931~1948: 교육철수, 전시협력 그리고 미 군정』, 『세계 속의 한국사』(공저), 『이승만과 대한민국 건국』(공저) 등이 있다. 현재 인하대학교 한국학연구소 HK연구교수.

이러한 미국인들의 활동은 해방 후 남한 사회의 한 단면
을 구성하는 중요한 축이었다. 왜냐하면 수많은 한국인
들이 냉전 구도 속에서 이들 미국인들에게 영향을 받으
면서 미국에 유학하거나 방문했고 후일 한국의 엘리트로
성장했기 때문이다.

한국근현대사의 미국인들
– 제국주의 앞잡이인가? 한국의 친구인가?

구한말~식민지시기 한반도에서의 미국인들의 존재

한국에 서구인들이 본격적으로 거주하기 시작한 것은 1882년 한국과 미국이 근대적인 조약을 맺은 이후라고 할 수 있다. 17세기 말 하멜과 벨테브레 등 난파한 네델란드계 상인이라든가 19세기 초부터 조선 해안에 나타난 영국, 미국 배 등에 승선한 서구인들을 제외하고는 한미조약 이전에는 서구인들은 장기간 조선에 거주할 수 없었다. 공식적으로 국왕을 만난 사람으로 1883년 내한한 초대 주한 미공사 푸트^{L. Foote}가 처음일 것이다. 그 후 잘 알려져있듯이 1884년 의사인 알렌^{Horace N. Allen}, 1885년 언더우드^{Horace G. Underwood}(원두우), 아펜젤러^{Henry G. Appenzeller} 등 선교사들이 본격적으로 내한하게 되었다. 그 후 조선왕조

[사진 1] 운산금광의 전경[1]

는 대한제국(1897)으로 이름을 바꾸어가면서 개혁정책을 펼쳤지만 서구식 군대와 무기로 무장한 일본의 침략을 막기에는 역부족이었다.

일제는 한국을 식민지화하면서 영미 측의 지원과 묵인을 얻어냈기 때문에 식민지 조선(1910~1945)에서의 영미인들의 사업이나 선교활동을 지원했다. 식민지화 이전인 1896년, 조선정부는 금광채굴권을 미국인들에게 양여했는데 당시 조선정부는 약 10% 정도의 이익금을 매년 배당받는 것으로 했다. 금광운영은 식민지에서도 지속되었다. 알렌 공사의 중재로 동양광업주식회사가 경영하게 된 운산금광이 가장 대표적이었다. 운산금광은 당시 동아시아에서의 최대 금광이었다고 평가된다. 1939년 전시체제로 가던 일제가 이 금광을 직접 사들임으로써 미국인들

1) 『한국민족문화대백과사전』 제16권, 한국정신문화연구원, 1989, 539쪽.

〔사진 2〕 충청도 공주의 감리교 선교지부

의 조선 내 사업경영은 종말을 고하게 되었다. 그 외에는 석유의 공급을 미국 스탠다드 오일Standard Oil Company이 맡았었다. 일제 식민지로 전락한 조선은 다른 서구 식민지와 다른 매우 독특한 모습을 하고 있었다. 그것은 다른 식민지와 달리 유일한 비백인인 일본인들이 피식민자들을 지배하는 곳으로, 식민지 이전부터 존재해온 상인들과 미국 선교사들이 식민지에서도 여전히 영향력을 행사했기 때문이다.

선교사들은 대체로 높은 언덕에 교회, 학교, 병원 등의 시설을 두고 자신들만의 공간에서 조선인들과 떨어져서 활동을 했다(〔사진 2〕 참조). 선교사들은 일상생활에서 한국인들과 그다지 교류하지 않았는데 이들이 독자적인 주거지를 형성한 것은 안전이나 건강 이외에도 "언덕위의 도시"를 건설함으로써 기독교적 문명화의 상징을 보여주려고 했다.[2] 이런 점에서 평양 지역의 선교타운은 가장 대표적이었다. 평양을 방문한 선교사 조지 풀튼 George Fulton은 이곳을 "제국 속의 제국"이라고 명명했다. 이는 일본 식민지 속에 내재한 영미의 존재를 상징적으로 보여주는 것이다. 당시 평양의 선교지부는 120에이커(약 485,635m²)에 달했는데 이는 오늘날 웬만한 대학캠퍼스보다 넓은 지역에 해당된다. 이 지역에 학교, 교회, 병원 등의 시설을 갖추었다. 이 지역을 당시 사람들은 신양리 新陽里라고 불렀다. 선교사들은 당시 외교관이나 사업가들에 비해 적은 연봉을 받았지만 조사助事인 한국인이 받는 돈이 매달 4~5달러인데 비해 80달러 정도의 수입이 있었다.[3]

식민지시기에는 외교관과 사업가들이 소수였고 그 대부분은 선교사들이었다. 이들 영미인들은 특히 교육과 의료기관에서 한국사회에 큰 기여를 했다. 당시 일제는

---

2) 류대영, 『초기 미국 선교사 연구, 1884~1910: 선교사들의 중산층적 성격을 중심으로』, 한국기독교역사연구소, 2001, 48~73쪽.

3) 위의 책, 81~87쪽.

재정투자를 통해 학교와 의료사업에 진지한 관심을 기울
이지 않았다. 그러므로 교육에 있어서 전체 중등교육기관
(졸업 후 안정적인 직장을 잡을 가능성이 높은 학교) 중 30%
이상을 미션계가 담당했다. 각 대도시 급에는 선교사들
이 운영하는 병원들이 거의 대부분 있었다. 그러므로 한
국인들은 당연히 이들 선교사들이 운영하는 학교에서 교
육을 받으면서 서구 식민지와 달리 때로는 일제에 대항적
인 민족주의를 구성할 수 있었다.

그리고 이들은 각 교파별로 1892년경부터 1907년경까
지 한반도와 간도 등에 걸쳐서 선교 구역을 정했다. 이를
두고 교계예양敎界禮讓이라고 하는데 이는 선교사들의 연합
회인 선교부공의회Federal Council of Evangelical Missions in Korea에서 이
루어졌다. 그 결과 후일 한국 장로교의 50% 이상을 차
지하는 미 북장로교(1885년에 한국선교 시작) 측이 평안
도, 경상북도 등을 포괄하는 지역을 차지했고 미 북감리
교(1885)가 경기·충청·평안도 일부, 강원도 남부 등을 맡
았다. 그리고 미 남감리교(1896)는 경기북부·강원북부
등에서 활동했고 호남지역은 미 남장로교(1892), 함경도
와 간도는 캐나다 장로교(1898), 경남지역은 호주 장로교
(1891) 등으로 나뉘어졌다. 인구 5천 명 이상 지역은 여
러 교파에서 접근할 수 있었다. 오늘날 전국 각 지역의 미

〔도판 1〕 교계예양

션스쿨들의 기원은 대개 구한말 내지 일제시기로 거슬러 올라간다. 교계예양은 1930년대에 와서 사실상 붕괴되었다(〔도판 1〕 참조).[4]

선교사들은 매년 초여름 무렵에 전국에서 한 자리에 모여서 교육, 의료, 정부와의 관계 등을 조율하는 정책을 세웠고 뉴욕에는 장로교와 감리교의 각 교파별 해외선교

---

4) 교계예양 문제는 한국기독교사연구회, 『한국기독교의 역사』 I, 기독교문사, 1989, 213~218쪽.

부가 있었다. 그러나 해외선교부와 조선 내의 선교부와의 관계는 항상 매끄러운 것이 아니었다. 특히 일제가 1930년대 신사참배를 강요하면서는 조선선교부가 찬성파와 반대파로 나누어지면서 어려움을 겪었다. 그리고 해외선교부는 현장감이 떨어졌기 때문에 현지의 선교사들을 지도하는데 한계를 노출했다.

미션스쿨과 총독부의 관계

1910년대 선교사들의 일제 측과 갈등은 3·1운동을 계기로 해소하게 되었다. 이는 총독부가 '문화통치'라는 유화정책 하에서 미국 의사자격증을 조선에서도 사용할 수 있게 해준다든가 재단법인화를 통한 선교사들의 교회와 재산을 보호하는 조치를 취해주었던 것 때문이다. 그리고 이들이 운영하는 학교에 대한 배려도 잊지 않았다. 선교사들이 운영하는 학교는 조선인들의 교육에 매우 중요했다. 선교사들은 초등교육을 한국인 신자들에게 맡겼으므로 이들이 운영한 학교들은 중등학교에 초점을 맞추고 있었고 몇 개의 대학기관도 함께 운영했다. 이들 미션스쿨 중 대부분은 보수적인 장로교 선교사들이 운영했다.

일제의 교육체제하에서 '각종학교'로 관리되던 북장로
교 선교사들이 운영하던 8개의 중등학교는 1920년대 중
반까지도 졸업생들이 상급학교에 진학하는데 애를 먹고
있었다. 일제는 교육에서 공립은 말할 것도 없이 사립학
교도 국가의 통제 아래 있어야 하며, 종교교육을 정규과
정 밖에 두어야 한다고 주장했기 때문이다(1915년의 사립
학교규칙). 이에 반해 선교사들은 미국의 기독교계 학교
가 당시 정부의 간섭에서 자유로운 입장이었으므로 종교
교육을 정규과정 내에 포함하고자 했다.

문화통치하의 총독부는 미션스쿨을 정규과정에 속하
도록 하여 종교교육을 시키면서도 상급학교에 진학하는
데 편의를 제공하려고 했다. 그 결과 재정과 교사 채용
등에서 당국이 정한 수준에 미치는 학교를 '지정학교'로
인정해주는 안을 1920년대 초 만들었다. 그래서 각 지역
에서 일정 수준을 갖춘 대부분의 학교들은 1930년대 중
반까지 '지정학교'로 인가받는데 성공했다. 예를 들면 서
울의 경신학교(1923. 5)와 정신여학교(1935. 5), 평양의 숭
실학교(1928. 5)와 숭의여학교(1931. 12), 선천의 신성학교
(1931. 3)와 보성여학교(1935. 5), 대구의 계성학교(1933.
4)와 신명여학교(준비중)를 들 수 있다.[5] 결국 1930년대
중반이 되면 대부분의 미션스쿨들도 일제의 교육체제로

들어오게 되었다고 볼 수 있다.

미션스쿨 운영자들의 면모를 보면 감리교는 신흥우(배재고등보통학교), 윤치호(개성고등보통학교) 등 점차 한국인들이 주체가 되었는데 장로교는 북장로교, 남장로교할 것 없이 거의 대부분이 미국인들이었다. 장로교 측에서 1930년대 중반 이전 한국인이 최초로 학교의 운영자가 된 것은 신성학교 교장으로 장리욱이 1928년에 부임한 사례가 유일하다. 이러한 사실은 신사참배에 대해 선교사들이 교육철수를 단행하면서 교육기관을 두고 총독부, 선교사, 한국인들 사이의 관계가 매우 복잡하게 전개될 것이라는 것을 예고했다.

일제의 전시동원과 신사참배 문제

일제의 식민지배 말기에 문제가 되었던 것이 바로 군국주의의 지배 도구가 되었던 신사참배 문제였다. 일제는 1931년 만주를 침략한 이후(만주사변) 서서히 군국주의

---

5) 안종철, 『미국선교사와 한미관계, 1931~1948: 교육철수, 전시협력 그리고 미 군정』, 한국기독교역사연구소, 2010, 59쪽.

화되어갔다. 일본 내에서도 군국주의가 강화되면서 과연 천황이 일본 제국헌법의 위에 존재하는지 아니면 헌법상 한 기관에 불과한 것인지를 두고 치열한 논쟁이 벌어졌는데 결국 헌법 위에 존재하는 것으로 결론이 났다('천황기관제설논쟁'). 그 이후 1936년 2·26쿠데타가 발발해서 일본 내 의회정치는 종말에 이르렀고 1937년 7월 7일에는 일본이 중국본토를 침략하면서 중일전쟁이 발발했다. 그리고 이듬해인 1938년부터 조선에서도 전시동원체제가 본격화되면서 물자통제 등도 이루어졌다.[6]

신사참배는 이러한 배경에서 1935년 가을부터 본격화되었다. 조선총독부는 동년 9월 22일자로 각 도지사에게 모든 학생들의 신사참배를 지시했다. 1935년 11월부터 1938년 가을 무렵까지 신사참배 문제를 둘러싸고 일본 당국, 선교사, 한국인들 사이에 복잡한 관계가 진행되었다. 대부분의 선교사들과 일부 한국인 신자들이 신사참배의 종교성을 문제삼아 참배에 강력하게 반대했기 때문이다. 일제 당국은 학교장의 파면으로 맞섰다. 결국 선교사들이 볼 때는 학교의 존속이 어렵게 되었다. 선교사

---

6) 전시체제기의 문제에 대한 간략한 설명은 김운태, 『일본제국주의의 한국통치』(개정판), 박영사, 1998, 480~483, 519~529쪽 등 참조.

들 중 일부와 대부분의 한국인들이 신사참배의 애국행위에 대한 일제 당국의 설명을 받아들였으므로 상황은 매우 복잡했다. 결과적으로 당시 감리교 측은 신사참배가 애국행위임을 공식적으로 받아들였기에 운영 학교들이 대부분 존속하게 되었다. 그리고 이화여자전문학교를 제외하고 대부분의 학교들도 이미 한국인들이 대표로 운영을 하고 있었으므로 큰 문제가 안 되었다. 게다가 당시 감리교 학교들은 대부분이 서울, 경기권에 있었기에 당국과 비교적 긴밀히 협조했다.

이에 반해 장로교 측은 남북장로교가 운영하는 학교별로 약간 상이한 모습을 보였는데 남장로교 측이 운영한 호남지역 학교들은 신사참배가 강요되자 1937년 가을 대부분이 문을 닫았다. 즉 남장로교 측은 한국인들에게 학교운영권을 넘기지 않고, 학교재산을 남장로교 선교부가 소유한 상태로 문을 닫았던 것이다. 물론 일제 당국은 학생들을 다른 학교로 전출시켰다. 이에 반해 북장로교 측은 서울지역의 언더우드Horace H. Underwood(원한경)와 쿤스Edwin W. Koons 등이 주도해서 학교들을 북장로교 조선 선교부가 운영할 수 없다면 한국인들에게 넘겨야 한다고 주장했다. 즉 이들은 한국인들에게라도 넘겨야지 기독교적 영향력이 남아있을 것이라고 주장했다. 이에 반해 평

양의 모펫 등의 보수적인 선교사들은 학교를 남장로교의
예를 따라서 즉시 문닫아야 한다고 주장했다.

  결국 복잡한 과정을 거쳐서 평양의 세 개의 학교(숭실·
숭의·숭실전문학교)는 문을 닫았는데 숭실학교는 평양 제
3중학교로 개교, 숭의여학교 학생들은 평양여자고등보통
학교로 흡수, 숭실전문학교는 광산학과 등이 중심이 된
대동전문학교로 재편되었다. 평양의 학교 인계 문제에는
조만식, 오윤선 등 평양 지역의 지도자들이 나선 것이 특
징이었다. 평양의 학교들은 폐교의 과정을 밟았지만 조선
내 선교사들을 지휘·감독하는 뉴욕의 해외선교부는 다
른 지역의 학교들은 한국인들 개인이나 기독교의 노회老
會(지역회의체)에 넘기도록 하는 조치를 취했다. 그리하여
다른 지역들의 학교는 각 지역별로 구성된 인계위원회의
노력으로 한국인들의 손에 넘어오게 되었다. 그래서 학교
폐교를 강력히 요구해온 일부 선교사들은 북장로교 해외
선교부를 탈퇴해 보다 '근본적인' 교파로 옮겨가서 활동
하기도 했다.[7]

  이러한 논란의 뒤에는 일제 측의 일관된 정책이 있었던
것은 사실이다. 일제는 우선 선교사들과 한국인들을 분

---

7) 안종철, 앞의 책, 145~170쪽 참조.

리시킨 후 한국인들의 교육에 대한 열망을 일정하게 들어주면서 한국인들을 '친일화'시켜 나갔다고 할 수 있다. 그리고 전시체제가 심화되자 일제는 전시에 한국인들을 동원하기 위해 초등교육이라든가 공업이나 의학교육에 대한 시설을 일부 확대하기도 했다.

한편 신사참배 논란을 벗어난 학교나 병원, 그리고 각종 기독교 관련 시설들은 1938년 가을 이후 서서히, 1940년부터 본격화된 일제의 '동아협동체론' 등 반서구 정책으로 말미암아 서구인들의 손을 떠나 한국인들에게 넘어오게 되었다. 예를 들면 기독교계 출판물을 발행했던 기독교서회라든가 비교적 신사참배 문제로부터 떨어져 있었던 고등교육기관인 연희전문학교, 세브란스의학전문학교, 이화여자전문학교 등도 선교사들에게서 윤치호, 오긍선, 김활란 등 한국인 지도자들로 운영권이 넘어오게 되었던 것이다.

2차대전과 선교사들의 귀국과 활동

1939년 9월에 독일의 히틀러가 폴란드를 침공하면서 유럽에서 독일, 이탈리아 측과 영국, 프랑스 간의 전쟁이 발발했다. 1940년 9월에는 독일, 이탈리아와 일본이 삼국동맹, 즉 추축국동맹을 체결함으로로써 일본은 연합국 측과 본격적인 대립관계에 들어갔다. 당시 미국이 영국을 지원하고 있었으므로 일본이 미국과 갈등관계에 들어가는 것은 당연했다. 1940년 10월 주일 미대사 조셉 그루 Joseph C. Grew는 미 국무부 측에 동아시아에 있는 자국인들을 철수시킬 것을 권고하는 글을 보냈다. 이에 미 국무부는 동의하고 기선을 보내서 자국인을 11월 경 대부분 철수시켰다. 그러므로 조선 내 있었던 선교사들은 남아있던 사람들과 떠나는 사람들 사이에 적대감이 돌았다.

결국 언더우드(원한경)를 중심으로 마지막까지 남아있었던 수십 명의 선교사들은 일본이 진주만을 공격한 1941년 12월 9일(한국시간) 이후 전쟁포로로 가택연금 내지 수용소에서 체류하다가 1942년 5월경 미·일 포로 교환시 본국으로 돌아가게 되었다. 언더우드 등은 식민지 말 조선이 전시체제하에서 얼마나 고통을 당하는지, 일본의 통제정책이 얼마나 효율적인지 설명하면서 한반도 내에서 일본에 대한 조직적인 봉기의 가능성은 매우 낮다고 보고했다. 이러한 귀환 미국인들의 보고서는 미 국무부가 미일전쟁이 발발하자 조선에 대한 신탁통치안을 구상한 것을 뒤집지는 못했다.

태평양전쟁이 발발하자 수많은 선교사들은 한국에 대한 다양한 정보를 미 정보당국에 제시할 수 있는 유일한 집단이었다. 이들은 당시 충칭重慶에서 활동하고 있던 대한민국임시정부(임정)에 대해 다양한 의견을 표출했다. 사실 임정(김구)과 그 미주 기관인 주미위원부(이승만)는 대일전에서 미국의 무기지원을 얻기 위한 것(무기대여법의 적용대상)과 동시에 해방 후 건립될 한국의 정부기능을 얻기 위한 목적으로 미 국무부에 대해 프랑스의 망명정부가 승인을 얻은 것과 같은 승인운동에 돌입했다. 이에 대해 미국은 임정이 한인들 사이에서 낮은 위상을 가지고 있음과 함께 미주에서 이승만과 한길수 사이의 갈등 등을 이유로 임정 측의 요구를 거부했다. 그런데 사실 미국은 당시 연합국의 일원이었던 영국이 자신의 식민지인 인도에 대한 애매한 태도를 취하는 것, 중국의 전후 한반도에서 영향력이 커지리라는 것, 그리고 소련이 한인공산당을 중심으로 전후 한반도에서 영향력을 행사하리라는 것 등을 우려했기 때문에 임정 승인을 거부했던 것이다.[8]

한국인들의 분파성과 국제정치상의 문제점 등을 문제 삼으면서 임정 승인을 저지한 이면의 또 다른 이유로는

---

8) 고정휴, 『이승만과 한국독립운동』, 연세대학교 출판부, 2004, 479~511쪽.

신탁통치안을 전후 한국에 적용하려는 미 국무부의 복안이 있었기 때문이다. 신탁통치안과 유사한 국제관리안을 처음으로 제기한 인물은 바로 1930년대 서울 미 총영사관에서 근무한 윌리엄 랭던William R. Langdon이었는데 그는 1930년대 신사참배 문제 논란 시 서울의 언더우드 등 신사참배 찬성파의 의견을 지지했던 인물이다.[9]

한편 임정 승인을 찬성한 인물들로 가장 중요한 인물들은 헐버트Homer B. Hulbert와 에비슨Oliver R. Avison 등이고 선교사 2세로서 윔스Clarence N. Weems 등을 들 수 있다. 헐버트와 에비슨은 구한말부터 대한제국 정부의 고종과 친밀한 관계를 유지하면서 한국인들의 독립 능력에 대해 꾸준한 신뢰를 보여온 인물이다. 에비슨은 연희전문학교 교장을 오랫동안 역임하면서 역시 한국인들의 우수한 능력을 신뢰했다. 이들은 한국을 위하여 '한미협회'나 '기독교인친한회' 등을 통해 미국이 한국의 임정을 승인할 것을 미국 내에서 설득하고 다녔다([사진3] 참조).[10] 윔스는 평양숭실학교·숭실전문학교 교장을 역임한 맥큔George S. McCune(윤산온)의 아들인 맥큔George M. McCune과 친구로 둘은 함께 미

---

9) 안종철, 앞의 책, 218~222쪽.

10) 고정휴, 앞의 책, 426~441쪽.

[사진 3] 이승만과 한미협회 활동(가장 왼쪽이 이승만, 오른쪽에서 두 번째가 헐버트)[11]

정보기관 OSS^{Office of Strategic Service}(미 중앙정보국인 CIA의 전신)에서 근무하면서 해외한인들의 단합을 위해서 노력했다. 맥큔은 종전 전후로 미 국무부의 한국과장을 역임하면서 미국 정부가 한국인들의 이해를 고려하지 않고 전후 대한정책을 구상하고 있다고 비판했다. 그럼에도 불구하고 미국 정부는 1945년 2월 소련의 얄타에서 개최된 전후 질서를 위한 회담에서 한반도에 신탁통치를 실시하는 것을 전후 한반도 정책의 골격으로 채택했다.

한편 상하이에서부터 임정의 김구와 그 일행들을 도와온 선교사 피치^{George A. Fitch} 등의 활동도 주목할 만하다. 그

---

11) 〈사단법인 건국대통령 이승만박사 기념사업회〉(http://www.syngmanrhee.or.kr).

는 일본군의 난징 입성과 난징대학살이 발발하자 당시 학살된 중국인들의 사진을 미국 전역에 유포될 수 있도록 노력하기도 했다. 특히 그는 한국독립운동과 관계해서 1932년 윤봉길 의거 후 상하이에서 쫓기는 임정 관련 인사들을 자신의 집에 숨겨주기도 했다. 해방 후 내한하여 부산 지역에서 YMCA 활동에 종사하면서 많은 한국인들을 도왔다.

임정은 미국 정보당국과 함께 앞으로 있을지 모를 한반도 상륙작전을 준비했다. 그래서 충칭에서 OSS와 함께 특수훈련을 전개했지만 안타깝게도 일본이 연합국에 항복하는 바람에 한반도 상륙작전은 실시되지 못했다.

해방공간에서의 미국인들의 활동

신탁통치를 한반도에 적용하는 것 이외에는 전후 한국에 대해 미국은 자세한 계획을 세우지 못했다. 미국의 희생을 줄이고 일본의 항복을 조기에 끌어낼 목적으로 미국은 일본의 히로시마와 나가사키에 원자폭탄을 투하했다. 이에 일본은 1945년 8월 15일 공식적으로 연합국에 항복했다. 소련은 얄타회담에 따라 8월 8일자로 일본에 전쟁선포를 하고 만주와 북한에 급히 상륙하여 북한 전역을 손에 넣으면서 남한으로도 내려올 수 있는 상태였다. 그러나 미국은 한반도에 가장 가까이 있는 부대가 오키나와에 있는 미 24군단으로 신속한 대응이 용이하지 않았다. 그래서 미 정부는 일본군 무장해제를 위해 소련 측에 38선을 공식적으로 제기했고 소련 측은 이를 수용했다. 이에 따라 미국이 한반도에 오게 된 것은 1945년 9월 8일이 되어서였다. 미국이 남한에 왔을 때 북한에서는 인민위원회를 중심으로 하는 정체政體가 점차 구성되고 있을 때였다.

해방 후 임시정부는 미국 정부방침에 따라 인정되지 않았으므로 1945년 10월에 이승만, 11월에 김구가 개인자격으로 입국했다. 그러나 하지John R. Hodge 장군을 책임자로 하는 남한의 미 군정 측과 맥아더를 수반으로 하는 일본 미 군정 측은 임정의 명망, 특히 그 상징적 의미를 적극적으로 활용하려고 했다.[12] 게다가 박헌영을 제외한 남한의 주요지도자(이승만·김구·김규식·여운형) 등이 모두 기독교 측과 밀접한 관계를 가진 사람들이었다. 그러므로 당시 남한의 기독교인들이나 미 군정 측은 이들과 협력하

---

12) 정용욱, 『해방 전후 미국의 대한정책』, 서울대학교 출판부, 2003, 135~137쪽.

기를 기대했다. 그러나 미 군정 측은 토지문제나 일제 인맥 정리 등에 매우 소극적이었다. 이에 반해 미 국무부는 좌우합작이나 미소협상 등을 통한 신탁통치안에 좀 더 적극적이었다. 그러므로 양자는 남한 내 정국의 변화에 따라 삐걱거림을 경험해야 했다. 결국 미 정부는 1947년 9월경 남북간의 갈등과 미 군정의 보수적인 정책 등으로 말미암아 미소공동위원회를 중심으로 하는 신탁통치안을 최종적으로 폐기하고 한국 독립안을 UN으로 넘기게 되었다. 잘 알려져 있듯이 1948년 5월 10일 선거를 통해 동년 8월 15일 자로 대한민국이 탄생했고 북한도 동년 9월 9일에 정부수립을 했다.

이러한 해방 후의 정치적 변화에 미국인들은 이런저런 형태로, 주도적 내지 소극적으로 영향을 미쳤다. 우선 해방 후 다시 미 군정의 국무부 자문관으로 오게 된 랭던은 신탁통치안을 폐기하고 정무위원회를 구성, 이것을 모체로 남북의 단일정권을 만들자는 사실상의 단정안을 일찍부터 제기하는 매우 '현실적'인 모습을 보였다.[13] 북한에서의 1946년 3월 이후 토지개혁과 산업국유화 등에 대해 미 군정 측은 매우 비판적인 자세를 취했다. 그리고

13) 위의 책, 137~146쪽.

미 군정에 관여한 많은 미국인들은 이에 공감했다. 대부분의 선교사들은 해방 후에도 단일 집단으로 가장 한국에 정통한 지식을 가지고 있었으므로 미 군정의 자문관으로 활동을 하게 되었다. 예를 들면 언더우드(원한경), 피셔James E. Fisher 등 연희전문학교 소속의 교수-선교사들은 반공적인 입장을 분명히 했다. 그리고 이들은 일정한 개혁을 주장하기도 했지만 반공을 우선에 두었다.

이에 반해 한국의 문제를 이념적 눈이 아닌 사회경제적 문제로 보는 선교사 출신 내지 그 2세들도 있었다. 예를 들면 1928~1934년 동안 함흥에서 YMCA 농촌운동에 종사했던 번스Arthur C. Bunce는 1946년 2월 하지 장군의 국무 참모로서 대사급으로 부임해왔는데 철저한 사회개혁, 특히 토지개혁과 산업발전 그리고 미국의 원조라는 삼박자에 의한 한국사회의 변화만이 공산주의의 발흥을 막을 수 있다고 보았다. 그는 대한민국 정부수립 후 미국에서의 원조 집결처인 경제협조처Economic Cooperation Administration; ECA 한국책임자로 원조를 '긴급구호'에서 '경제개발'을 위해 사용하려고 했다. 그리고 한국전쟁 이전에는 일정한 경제안정과 개발계획에 착수하기도 했다. 그러나 그는 미 군정 시에는 하지, 그리고 정부수립 후에는 이승만의 견제를 받기도 했다. 또한 한국전쟁이 발발하자 다시 긴급

구호의 역할만 필요해지고 경제협조처의 기능은 무기력
해지자 한국을 떠나가게 되었다.[14]

미 국무부 한국과장을 역임한 맥큔의 경우도 유사한
데 그도 한국 문제를 이념문제보다는 친일청산과 사회경
제적 개혁에 많은 무게를 두었다. 그는 남한 내 한국문제
담당관들이 한국에 대해 무지하다는 것을 개탄하고 버
클리대학교에서 한국 관련 미 외교관 양성 프로그램을
그의 아내 에블린 맥큔Evelyn B. McCune과 함께 만들기도 했
다. 그렇지만 그는 미 군정과 이승만이 주도하는 현실 속
에서 실질적인 영향력을 행사하기 어려웠다.

한편 선교사들은 1947년 후반이 되면 해방 이전 자신
들이 활동하던 것에는 못미쳤지만 각 교파의 선교부를
다시 세우면서 의료와 교육활동에 적극적으로 종사하게
되었다. 북한 지역에서 활동하다가 해방 후 들어갈 수 없
게 된 미 북장로교 선교사들은 월남인들에 대한 지원에
적극적이었다. 그 결과 월남교회인 영락교회에 대한 지원
과 더불어 새로운 학교들(영락고등학교, 대광고등학교)을
세우는데 열심이었다. 또한 라디오 방송국CBS을 세우기도

---

14) 안종철, 「해방 전후 아더 번스(Arthur C. Bunce)의 활동과 미국의 대한정책」, 『미국
　　사연구』 31, 한국미국사학회, 2010. 5, 139~167쪽 참조.

했다. 한국전쟁 이후에는 숭실대학교, 서울여자대학교 등을 건립하는 데 재정투입을 하게 되었다.[15]

북한 신양리 일대의 선교사 타운은 "공산주의자들의 최고사령부"가 되었는데 여기에는 조선로동당, 소련군정 고위 인사들의 숙소, 정치학교 등이 들어서게 되었다. 이러한 공간적 활용은 남북간에 서구인들이 남겨놓은 유산이 얼마나 한국사회에 깊게 드리워져 있었는지 상징적으로 잘 보여주는 것들이다.

한편 한국전쟁이 발발하자 선교사들을 중심으로 한 미국인들은 보다 적극적으로 한국문제에 뛰어들기 시작했다. 한국에서 3대째 일해 온 언더우드 Horace G. Underwood(원일한)은 미 해군 소속으로 인천상륙작전 시 선발부대로 투입되기도 했고 휴전회담의 수석 대표였다.[16] 그리고 수많은 사람들이 반공과 민주주의를 동일시하며 선전작업에 종사하기도 했다. 피셔의 경우가 대표적이다. 이러한 미국인들의 활동은 해방 후 남한사회의 한 단면을 구성하는 중요한 축이었다. 왜냐하면 수많은 한국인들이 냉전 구도 속에서 이들 미국인들에게 영향을 받으면서 미

---

15) 안종철, 앞의 책, 273~275쪽 참조.

16) 원일한, 『한국전쟁, 혁명 그리고 평화』, 주장돈 옮김, 연세대학교 출판부, 2002의 제6장 참조.

국에 유학하거나 방문했고 후일 한국의 엘리트로 성장했
기 때문이다.

- 브루스 커밍스, 『브루스 커밍스의 한국현대사』, 김동노 외 옮김, 창작과 비평사, 2001 •

한국전쟁 연구로 유명한 미국 시카고대학교의 역사학자이자 정치학자인 브루스 커밍스의 한국근현대사 교과서이다. 이 책은 동아시아에 관심있는 미국인, 특히 대학교 학생들을 위해 집필되었는데 세계체제론의 관점에서 한국이 세계체제의 주변에서 어떤 과정을 거쳐서 사실상 중심부에 가까이 오게 되었는지를 다양한 각도에서 규명한 책이다. 전통시대의 덕성이 오늘날에도 어떻게 살아남게 되었고, 냉혹한 국제현실 속에서 한국의 현 모습을 만들어온 한국인들의 열정을 뛰어난 필치로 묘사하고 있는 대목들이 백미이다. 한국전쟁에 대한 김일성의 책임을 인정하면서도 식민지시기와 해방 전후 한국의 사회 구조를 자세히 설명하고 있다. 한국전쟁에 관한 부분은 두 권 분량의 두꺼운 책을 읽기 어려운 독자들에게 매우 요긴하다.

• 조현범, 『문명과 야만: 타자의 시선으로 본 19세기 조선』, 책세상, 2002 •

19세기 이후 서구의 물리적, 정신적 침략에 저항, 순응, 혹은 적극적 수용을 통해서 발전할 수 있었던 한국은 자신을 찬찬히 살펴볼 기회를 갖지 못했다. 그것은 식민지와 같은 '타자'를 갖지 못한 것이 그 이유이기도 하다. 대체로 서구 열강은 우리가 무조건 따라가야 할 모델로서 외부로부터 주어진 것이었는데 그들의 물질적 부분만 아니라 사고의 틀, 특히 문명을 위계질서화시키는 것을 그대로 배우고 그것을 우리들의 내면에 자리잡게 했다는 점을 이 책은 설득력있게 분석한다. 이 책은 19세기 중엽부터 개항기에 이르기까지 서양인 선교사들(주로 가톨릭)의 생각과 활동을 분석한다. 선교라는 명목으로 우월적 시선의 권력을 휘두른 서구인들의 기록을 통해서 우리가 오늘날 다른 국가들을 바라보는 관점에 대한 반성을 하게끔 한다.

• 류대영, 『개화기 조선과 미국선교사: 제국주의 침략, 개화자강, 그리고 미국선교사』, 한국기독교역사연구소, 2004 •

이 책은 국제관계사의 문화사적 전범으로 평가받고 있는데, 특히 미국 선교사들의 한반도 진출과 미국 정부와의 관계로부터 시작해서 초기 조선 정부와 미국이 맺었던 조약과 그 결과로 파생된 치외법권, 내지거주, 그리고 선교사업 등에 대해 치밀하게 분석하고 있다. 아울러 그동안 자료접근의 한계로 막연하게 알려졌던 개항기의 선교사와 조선의 정치적 관계를 미국 측 자료와 조선 측 자료를 대조해서 분석함으로써 당대의 실상을 다양한 각도에서 잘 파악할 수 있게 해준다. 특히 미국인들에 대해 가졌던 한국인들의 환상과 미국인들이 한국에 대해 가졌던 다양한 입장들에 대한 파노라마적인 서술과 분석은 매우 인상적이다. 이를 통해 한국과 미국의 초기관계사만 아니라 기독교사, 그리고 한국 근대사에 대한 다양한 시각에서의 검토가 가능해진다.

- 원일한, 『한국전쟁, 혁명 그리고 평화』, 주장돈 옮김, 연세대학교 출판부, 2002 •

저자 원일한(1917~2004)은 미국명 호레이스 언더우드(Horace G. Underwood)인데 저자도 지적하듯이 자신의 집안은 한국에서 많은 것을 이룩했지만 이름을 짓는 데는 약간의 우둔함이 있었던 것 같다. 저자의 할아버지는 한국에 선교사라는 직업으로 첫발을 디뎠던 언더우드(Horace G. Underwood, 한국명 원두우)이고 아버지는 원한경(Horace H. Underwood)이다. 할아버지는 한국 개신교사에서 빼놓을 수 없는 중요한 인물로 새문안교회, 기독교서회, YMCA 등의 창립과 함께 무엇보다도 오늘날의 연세대학교의 창립자이다. 아버지는 연희전문학교(현 연세대)의 교장으로 식민지시기 한국에서 가장 유명한 교육자이자 선교사였다. 원일한은 자신의 책에서 자신의 어린 시절부터 1960년대까지의 한국 현실을 회상한다. 이 시기는 식민지 말 전시동원, 선교사 추방, 제2차대전, 해방 후 미 군정, 한국전쟁, 그리고 전쟁 후의 혼란으로 점철된 시기이다. 그의 회상은 한국근현대사를 한국화된 외국인의 눈으로 본다는 점에서 큰 의미가 있다.

• 안종철, 『미국선교사와 한미관계, 1931~1948: 교육철수, 전시협력, 그리고 미 군정』, 한국기독교역사연구소, 2010 •

저자는 이 책에서 그 동안 잘 다루어지지 않았던 일제 말기부터 2차대전, 그리고 미 군정에 이르는 시기에 걸쳐서 미국인들의 활동을 다루었다. 특히 선교사들은 일제 말기 신사참배를 두고 자신들 내에서 매우 복잡한 논의를 거쳤고 그것에 이은 선교사 철수 등으로 갈등을 빚기도 했다. 전후에는 미 군정에 다양한 방식으로 관계를 맺음으로써 한국 내에서 한미관계를 매개하는 중요한 위치에 있게 되었다. 이들은 미 군정에서 반공과 민주주의의 정착을 위해 노력함으로써 전후에 새로이 탄생한 신생 대한민국의 사회성격을 규정하는 데 일조했다. 그리고 자신들도 일반적인 미국인들이 아닌 매우 복합적인 존재로 변해갔다. 그러므로 이들에 대한 연구는 인적관계를 통한 한미관계의 문화적 관계망을 보여준다.

전통문학을 통해 본 일본의 모습

- '와카', '하이쿠', '무카시바나시'의 세계

임용택

일본 도쿄대학 대학원 비교문학 비교문화전공 학술박사학위를 받았다. 지은 책으로 『김소운 『조선시집』의 세계』(일본 중앙공론신사), 『일본문학의 흐름』 2(공저) 등이 있고, 역서로 『하기와라 사쿠타로 시선』, 『둔황』(이노우에 야스시) 등이 있다. 현재 인하대학교 동양어문학부 일어일본학 전공 교수.

전통문학을 통해 본 일본의 모습
– '와카', '하이쿠', '무카시바나시'의 세계

일본문학의 발생과 시가詩歌의 성립

　일본문학은 다른 나라 문학의 경우와 마찬가지로 소설로 대표되는 산문散文과 시·민요·가요 등의 운문韻文, 그리고 극문학劇文學의 세 종류로 크게 나눌 수 있다. 이러한 문학의 역사는 시대를 살아가는 인간들의 생활 모습과 감정, 정서를 표현해 왔다는 점에서 그 나라 민족의 역사라 해도 과언이 아니다.

　특히 고대 원시사회에서는 먹을 것이 풍족하지 못했으므로, 아사餓死와 같은 생활이나 생명의 불안을 극복하기 위한 주술신앙呪術信仰이 유행하였고, 주술적 제사의식이 공동체의 중요한 행사가 되었다. 이후 음악을 수반한 퍼포먼스가 제사의식에 등장하면서 인간의 희망을 실현하기 위한 주문呪文이 행해지게 되고, 집단의 감정을 담은 가요가 노래되는 가운데 신들의 행위가 연기演技되었다. 주문과 가요는 원시사회 구성원들의 심정을 표현하는 대표적 수단이었던 것이다.

결국 일본문학 또한 원시공동체의 중요행사인 제사의식 속에서 신을 즐겁게 할 목적으로 발생한 것으로, 시간이 흐를수록 점차 종교적 의식으로부터 분리되어 행위 자체의 예술적 완성도와 세련미를 추구하게 된다. 따라서 일본문학은 필연적으로 산문보다 운문이나 전통예능 쪽에서 먼저 시작되었다. 신에게 바치는 노래가 입에서 입으로 전해지는 구승口承의 형태에서 문자 성립과 더불어 기재記載의 형태로 바뀌고, 여기에 수반된 춤舞이 훗날 극劇의 형태로 발전했기 때문이다. 바로 이 '노래'의 대표적 장르가 '와카和歌'이며, 그 전통이 계승되어 오늘날 세계적 인지도를 지닌 시가 형식으로서 기억되고 있는 것이 '하이쿠徘句'이다. 이 글에서는 두 장르를 중심으로 일본 전통 시가의 성격과 내용을 살펴봄으로써, 배후에 담겨진 일본의 모습에 대해 고찰해 보고자 한다.

'와카和歌'의 성립과 형식

일본 전통시가의 총칭인 '와카'의 성립 시기는 지금으로부터 약 1300년 전으로 거슬러 올라간다. '와카'는 광의의 개념에서는 일본의 전통시가를 총칭하기도 하며, 좁은 의미로는 31음절音節로 이루어진 단시형의 정형시를 지칭한다. '와카'의 출발점은 8세기 초반에 성립된 「기키가요記紀歌謠」에서 찾을 수 있다. 일본의 가장 오랜 역사서인 『고지키古事記』와 『니혼쇼키日本書紀』[1]의 끝 글자를 하나씩 딴 호칭으로, 각각 120수 정도의 고대가요가 수록돼 있다. 120수의 노래 중 중복되는 것이 약 40수이며, 대다수가 원시적 성격을 탈피하지 못한 채 정형定型도 없고 길이 또한 다양하다. 그 후 8세기 후반에 성립된 가집歌集 『만요슈万葉集』[2]에 이르러 비로소 일정한 정형이 나타나면서, 마침내 구승문학인 가요로부터 기재문학인 '와카'가 성립되었다.

다음에 소개하는 것은 「기키가요」 중 일본의 건국신화와 관련된 작품이다.

---

1) 각각 712년과 720년경에 성립.

2) 760년경 성립.

〔사진 1〕 무대가 된 야에가키

- 여덟 겹 구름 / 이즈모 여덟 겹 울타리 / 신부 숨기려 / 여덟 겹 울타리를 / 울타리를 만들어

- 八雲たつ / 出雲八重垣 / 妻ごみに / 八重垣つくる / その八重垣を

- yakumotatsu / izumoyaegaki / tsumagomini / yaegakitsukuru / sonoyaegakiwo

- 夜久毛多都 / 伊豆毛夜弊賀岐 / 都麻碁微爾 / 夜弊賀岐都久流[3]

3) 후술할 '만요가나(万葉仮名)'로 표기한 것.

　작자는 일본판 아담과 이브에 해당하는 '이자나기노미
코토'와 '이자나미노미코토'의 아들로, 태양신이자 일본의
건국신建國神인 '아마테라스오오미카미天照大神'의 남동생인
'스사노오노미코토'로 추정된다. 오늘날 일본인들에게 농
경의 신 혹은 폭풍의 신으로 추앙받는 그는 무용이 뛰어
났으나 성격이 포악하여 누나인 '아마테라스오오미카미'
의 노여움을 산 후 천상계天上界에서 쫓겨나 지상세계로 내
려오게 된다.
　그가 도착한 곳이 지금의 시마네현島根県 동부에 해당하
는 '이즈모出雲'란 곳이었다. 마침 이곳에서는 매년 처녀를
한 명 씩 잡아 머리가 8개 달린 뱀에게 받치는 의식이 행
해지고 있었는데, '스사노오노미코토'는 이 뱀을 퇴치하
고 제물로 바쳐진 그 지역 공주를 구한 후 그녀와 결혼하
여 자신의 나라를 세우니 이것이 일본의 시초가 되었다
는 것이다. 일설에 의하면 '스사노오노미코토'가 공주와
의 결혼을 위해 보금자리인 궁궐을 지었을 때 구름이 하
늘에서 일어나는 것을 보고 몸소 지었다고 하며, 『고지
키』와 『니혼쇼키』에 모두 수록돼 있다. 자신의 보금자리
의 건축과 신혼생활을 기념하는 축연가祝宴歌로서, 일본
'와카'의 시초로 보는 견해도 있으나 전설에 불과하다. 문
학적 완성도로 보면 치졸하고 소박하지만, 가요성歌謠性과

함께 '와카'의 전형적 운율인 5·7·5·7·7[4]의 정형성을 보이고 있는 점 등 문학사적 가치는 적지 않다. 이처럼 「기키가요」는 본래 집단적으로 노래되다가 훗날 특정 인물의 작품으로 『고지키』와 『니혼쇼키』에 기록된 것이 대다수를 차지하는 가운데, 내용은 줄거리와는 상관없이 감상할 수 있는 전투, 사냥, 연애, 제사, 주연 등 고대인들의 생활 전체에 두루 걸쳐 있다. 아울러 일본의 문자인 '가나仮名문자'가 성립되기 이전의 표기 방식인 '만요가나万葉仮名'를 사용하고 있다.[5]

전술한 대로 고대인들은 제사의식이나 주연酒宴, 그리고 '우타가키歌垣'라 불리는 공동체의 집회나 행사 속에서 악기의 반주나 율동적인 동작舞을 수반하는 형태로 자신이 느끼는 감정을 언어로 표현하는 가운데 차츰 서정적 운율을 지닌 문학적 문구文句로 발전시켰다. '우타가키'란 봄이나 가을에 산이나 물가, 시장이 서는 곳 등에 젊은 남녀가 모여 풍작을 기원하거나 수확을 하늘에 감사하는 의미로 가요를 부르거나 음식물을 같이 나누어 먹는 행

---

4) 하나의 구(句)에 포함된 모음의 개수로 파악하며, 5음과 7음은 근대에까지 계승된 일본 시가의 전통적 운율의 기본 구성 단위를 이루고 있다.

5) 의미와는 상관없이 한자(漢字)의 음(音)을 차용한 표기 방식으로 『만요슈』까지 지속되었다.

사로, 젊은 남녀들의 공적인 교제의 장을 형성하였다. 일본의 전통시가가 농경문화에 바탕을 둔 제례祭禮의 산물임을 엿보게 하며, '와카'의 발전에 지대한 영향을 미치게 된다.

현존하는 일본의 가장 오래된 '와카'의 가집인『만요슈』는 전 20권에 수록 작품수가 약 4,500수首에 이르는 엄청난 볼륨을 자랑한다. 일본인들이 커다란 문화적 자부심을 갖고 있는 대표적 문학유산이다. 주된 내용은 남녀 간의 사랑을 노래한 '상문가相聞歌'와 죽은 자를 추모하는 '만가挽歌', 그 외의 소재를 다룬 '잡가雜歌'로 분류된다. 작자는 위로는 천황으로부터 아래로는 일반 서민이나 변방을 지키는 병사에 이르기까지 광범위한 계층에 걸쳐 있고, 작자 미상未詳의 것도 다수 존재한다. 일찍부터 '와카'가 지배계층과 피지배계층의 구별 없이 일본인 모두에게 사랑받고 애호되었다는 점은 식자층이 중심이 된 중국이나 한국의 문학과 구별되는 특징이다. '만요万葉'란 만萬개의 '언엽言葉'6)으로 이루어졌다는 뜻으로, 언어학 분야는 물론 민속학 분야에서 고대 일본인들의 감정이나 정서를 이해하는 중요한 단서가 되기도 한다.

---

6) 일본어로 단어나 말을 나타냄.

　한편 『만요슈』에는 다양한 '와카'의 형식, 즉 가체歌體가 등장한다. 보통 길이가 긴 장가長歌 형식과 5·7·5·7·7의 31음절音節로 이루어진 단가短歌형식의 두 가지로 압축되며, 이 중 단가가 약 4,200수에 이를 정도로 압도적이다. 특히 무사사회 이전의 천황 중심의 귀족사회인 '헤이안시대平安時代'(8세기 말~12세기 말) 이후로는 장가와 다른 가체는 소멸하여, '와카'하면 단가를 지칭할 정도로 단가는 '와카'의 중심 형식으로 자리 잡게 된다. 장대長大한 것보다는 단소短小하고 간결한 것을 즐기는 일본민족의 특성을 읽을 수 있는 부분으로, 이어령 씨가 주장한 일본문화의 핵심적 코드인 '축소지향성縮小志向性'의 주요 증거이기도 하다.[7] 후술할 '하이쿠'와 함께 고전문학 장르 중 현재까지도 소멸되지 않고 계승되는 한편, 근대에 접어들어 '와카'라는 명칭 대신 '단카短歌'로 불리고 있다. 일본의 유력 일간지를 보면 매일 '오늘의 구句'의 형태로 일반 독자들의 투고에 의한 '단카'와 '하이쿠'가 게재되고, 이에 대한 평론가들의 감상이 실리곤 한다. 일본인들의 생활 속에 '와카'나 '하이쿠'가 국민적 정서로 자리 잡고 있음을 짐작케 하는 부분이다.

---

7) 이어령, 『축소지향의 일본인』, 갑인출판사, 1982 참조.

'와카'의 성격과 특징

'와카'가 지배계층과 피지배계층의 구별 없이 일본인들에게 널리 사랑받으며 문학적 전통을 계승해 올 수 있었던 것은 천황을 중심으로 한 지배계급의 적극적인 비호庇護가 있었기 때문이었다. '와카'가 일본을 대표하는 문학형태로 자리 잡은 '헤이안시대'에는 '와카'의 창작이 천황의 명령에 따른 공적公的인 형태로 전개되었는데, 이른바 '칙찬勅撰'에 의한 가집歌集의 편찬이 그것이다. 10세기 초에 성립된 최초의 '칙찬와카집勅撰和歌集'인 『고킨와카슈古今和歌集』[8] 이후, 16세기의 '무로마치시대室町時代'(1336~1573) 말기에 이르기까지 무려 21종의 칙찬집이 천황의 명령에 의해 간행되었다. 내용은 춘하추동의 사계절의 추이에 따른 자연과 인간감정의 조화를 중심으로 이별가, 여행가旅行歌, 사랑가 등 귀족사회는 물론 일반 민중들의 자연친화적인 일상생활에 입각한 서정적 애환을 담고 있어, 생활의 일부로서의 문학의 위상을 느낄 수 있다.

특히 '헤이안시대'의 황실皇室을 중심으로 한 귀족사회에서 '와카'는 필수불가결한 문화적 소양이었다. 흥미로운

---

8) 성립 시기는 905년경으로, 수록 작품 수는 전 20권 1100수(首)에 이름.

〔사진 2〕 우타아와세의 재연 광경

점은 '와카'를 지을 때 여러 사람이 모여 심판관判者을 두고 '우타아와세歌合せ'라 불리는 일종의 공적인 '와카' 경연 대회를 통해 그 우열을 가리는 풍습이 있었다는 점이다. 이를 통해 자신이 마음에 두고 있는 대상을 향해 사랑의 감정을 공개적으로 표현하거나, 또는 서찰에 '와카'를 적어 자신의 감정을 전하기도 하였다. 이처럼 '와카'를 읊는 것은 일상다반사로 취급되었고, 궁정宮廷 자체가 일종의 '와카'의 살롱salon을 이룰 정도로 매우 활발히 창작되었다. '와카' 짓기를 직업으로 삼는 전문 작가歌人의 존재 또한 특징적 요소로서, 훗날 '와카'가 일본의 국민문학적 존재로 인식되는데 중요한 기여를 하게 된다. 지금도 일본에

서는 와카, 즉 현재의 명칭으로 말하자면 '단카'는 동인지同人誌나 회보會報를 중심으로 가장 일상적인 일본인들의 문예형태로 자리 잡고 있다. 물론 용어는 이전의 고어古語가 아닌 현대어로 바뀌었으며, 내용 면에서도 사계절의 자연을 표현하던 전통적 소재에 새로이 일상생활적 요소가 가미되는 등 적지 않은 변화가 보이지만, 31음절이라는 정형성定型性은 지금도 견지되고 있다.

세계 최단最短의 시 '하이쿠俳句'

전술한 대로 헤이안시대의 '우타아와세'는 각자가 읊은 구句의 우열을 가리는 일종의 유희적 성격을 띠고 있다. 이와 같은 전통은 후대에 더욱 심화되어, 14세기경에 접어들어 '와카'의 5·7·5·7·7의 구를 두 부분으로 나누어, 앞 구上句의 5·7·5로 이루어진 17음절을 한 사람이 읊으면, 이를 받아 다른 사람이 관련된 내용의 뒤의 구下句 7·7을 읊는 독특한 방식이 도입되었다. 처음에는 선의의 경쟁에 입각한 일종의 게임형식으로 시작되었다가, 점차 문학의 장르로 굳어지면서 '와카'와 구별하여 '렌가連歌'로 부르게 된다. 특이한 점은 단순히 31음절을 두 부분으로

나누는 것이 아니라, 같은 요령으로 이를 몇 번이나 반복
적으로 이어가기도 하고, 읊는 사람도 2명 혹은 3, 4명이
교차형식으로 한없이 그 길이를 늘려가는 등 갖가지 변
화가 가해졌다는 점이다. 구의 우열을 가리기 위해 심판
관을 두었으며, 복잡할 정도로 까다로운 규칙이나 제한
을 통해 단조로운 반복에 흐르지 않도록 다양한 장치를
마련하기도 하였다. 참고로 오늘날 전해지는 '렌가' 중 길
이가 긴 '쵸렌가長連歌'의 경우는 100구句가 기본이며, 이외
에도 1000구나 10000구까지 존재한다. 시가에서의 교
향악적 조화를 염두에 둔 창화唱和의 전통으로서 특기할
만 하다.

'렌가'에서 17음절의 앞의 구上句를 '홋쿠発句'라 하는데,
이것이 훗날 '에도시대江戸時代'(603~1967)에 이르러 완전히
독립해 '하이쿠'로 불리며 세계에서 가장 길이가 짧은 단
시형短詩型 문학으로 발전하였다. 우리나라의 가장 짧은 시
형식인 시조時調가 초장, 중장, 종장의 3장章을 합쳐 45자
내외임을 염두에 두었을 때, 단순비교로도 3분의 1에 불
과하다.

'하이쿠'는 현재 '단카'와 더불어 일본인들이 가장 자랑
스럽게 여기고 사랑하는 일본문학의 위대한 유산이라는
데 이견이 없다. 한 시대를 풍미하던 '렌가'의 전통이 사

라지고, 그 속에서 17음절이라는 세계에서도 유래가 없는 짧은 '홋쿠'가 독립되게 된 배경에는 '와카'에서 '렌가'로 추이되는 과정 속에서 중요한 위치를 차지했던 심판관의 존재나 복수의 작자를 요구하는 '렌가'의 형식적 제약이 점차 부담스러운 존재로 여겨졌을 개연성을 생각해 볼 수 있다. 환언하자면 일본인들은 일상생활 속에서 항상 타자他者와의 관계를 중요시하며, 자신의 독자적인 삶의 방식에 대한 독립적 평가보다는 항상 남과의 관계에 입각한 상대적 시선이나 평가에 민감한 민족이라는 보편적 특수성을 발견하게 된다. 나아가 '에도시대'가 일본의 역사상 정치적으로 가장 평화롭고 안정된 시기로서, 경제적으로도 훗날 근대 시민계층으로 성장한 도시 상공업자[9]들이 경제적 지위에 걸맞은 민중의식을 자각하게 되었다는 점도 간과할 수 없다. 그들은 무사계급으로 대표되는 귀족계층과는 달리 형식에 얽매이지 않는 자유분방한 생활방식을 추구하면서 이를 문학작품 속에서 적극적으로 표현하였다. 따라서 '하이쿠'의 유행과 보급은 일반민중의 개인적 감성을 자유롭게, 그리고 단순명료하게 발휘할 수 있는 대표적 문학장르로 인식되는 한편, 형식의

---

9) '초닝(町人)'이라 부름.

간결함 속에서 훗날 서양을 모델로 한 근대사회의 중요한 화두인 개인주의적 사고에 조금씩 익숙해져가는 계기를 마련했다고 평할 수 있을 것이다.

　형식상으로는 17음절이라는 단순성을 전면에 내세운 '하이쿠'이지만, 그것이 표방하는 미적 세계는 결코 단순하지 않다. 오히려 17음절이라는 문자에 압축된 언어표현의 배후에는 일본인들의 인생관이나 자연관, 가치관을 그 몇 배 이상으로 심도 있게 음미하게 만드는 함축성을 내포하고 있다. 언어표현이 간결한 만큼, 독자들에게 그 속에 압축된 풍부한 시적 상상력과 이미지^{image}의 확산을 끊임없이 요구하기 때문이다. 무엇보다 압축된 언어예술로서의 진수를 표현하기 위해 '하이쿠'에는 몇 가지 최소한의 규칙이 존재하는데, 가장 큰 특징은 사계절의 계절감각을 반드시 넣어야한다는 것이다. 참고로 '와카'의 경우는 계절 감각이 주된 내용일 뿐 이를 꼭 표현해야 한다는 원칙은 없다. 또한 17음절이라는 음수율^{音數律} 규칙도, 1, 2자 정도의 가감^{加減}은 있으나 지켜야 할 원칙이다.

　한편 '하이쿠'가 추구하는 계절감의 중시는 일본인들의 주체적 자연관의 산물이라는 점에 이견이 없다. 자연에 대한 군림적^{君臨的} 자세를 바탕으로 이를 객체적^{客體的}으로 인식하여 과학적으로 관찰하고 연구의 대상으로 삼

는 서양인들과는 달리, 일본인들은 자연에 대한 친화의
식을 바탕으로 그 속에서 호흡하고 인생의 반려로 여기
는 인생시人生詩적 요소를 추구하였다. 일례로 '세시기歲時記'
라는 일종의 '하이쿠' 감상안내서는 '하이쿠'와 일상생활
과의 밀접한 연관성을 지닌다. '하이쿠'에 등장하는 계절
적 제재題材를 12달로 나누어 기록하고, 거기에 천문, 지
리, 동·식물, 연중행사 등으로 분류·배열하여 각 항목마
다 해설과 이를 표현한 실제의 '하이쿠'를 실은 일종의 백
과사전이요 생활안내 지침서이다. 일본인들의 생활 속에
'하이쿠'와 '하이쿠'로 표현된 계절감이 얼마나 중시되고
있는가를 웅변해 준다.

인생시人生詩로서의 '하이쿠'

하이쿠가 추구하는 정신성 및 미적 세계를 구체적 작
품을 통해 살펴볼까 한다. 다음 작품은 일본에서 시성詩
聖, 즉 '하이쿠'의 성인聖人이라 일컬어지는 마쓰오 바쇼松
尾芭蕉(1644~1694)의 작품 중에서도 명작으로 일컬어지는
것이다.

- 오랜 연못이여 / 개구리 뛰어드는 / 물소리
- 古池や / 蛙とびこむ / 水の音
- huruikeya / kawazutobikomu / mizunooto

아래에 영문으로 표기한 부분 중 밑줄 친 모음이 각각의 구에 규칙적으로 5·7·5의 순서로 나타남을 알 수 있다. 내용을 간단히 직역하면 연못에 갑자기 개구리 한 마리가 뛰어들면서 물소리가 났다는 것이다. 물론 한 마리라고 단정 지을 수는 없으나, '오랜 연못古池'이 떠올리는 한적閑寂과 정적靜寂은 일본인들에게 이 개구리가 복수의 존재가 아님을 당연하게 인식시킨다. 또한 '물소리水の音'는 개구리가 뛰어드는 동작의 서술에 머물지 않고, 언외言外에 그것이 초래한 음성적 인상을 암암리에 떠올리게 만든다. 추측컨대 대다수의 외국인들은 구의 의미와 그것이 무엇을 나타내는지 쉽게 이해되지 않을 것이다. 이에 대한 일본인들의 보편적 해석은 다음과 같다.

정황으로 보아 작자는 인적이 드문 어느 시골 길을 가다가 우연히 오랜 연못가를 지나게 되었고, 그때 뜻하지 않은 통행객의 출현에 놀란 개구리 한 마리가 황급히 연못 안으로 뛰어 든다. 여기서 개구리가 연못 속으로 뛰어들며 내는 '물소리'는 정지 상태에 있는 '오랜 연못'에 동적動的 변화를 초래하고 있다. 흐르지 않고 고여 있는 상태의 '오랜 연못'은 개구리가 뛰어 들었을 때 생긴 파문으로 인해 동動의 상태에 놓이지만, 얼마 후 파문은 흔적 없이 사라져버리고 연못은 원래의 정靜의 상태로 돌아가게 된다. 물론 동적 상태를 초래한 '물소리' 또한 시간이 흐르면서 점차 자연의 적막감 속에 묻혀버리며 결국 연못은 개구리가 뛰어 들기 이전의 영상으로 환원된다. 그러나 그 과정에서 '물소리'에 수반된 청각적 인상은 좀처럼 사라지지 않는 잔잔하고도 영원한 자연의 소리로 독자들의 뇌리에 기억되면서, 깊은 여운餘韻을 느끼게 한다. 다시 말해 개구리가 뛰어 들기 이전의 연못과 뛰어든 후의 연못의 모습은 본질적으로는 결코 동일한 존재가 될 수 없으며, '오랜 연못'은 정靜과 동動의 끊임없는 반복과 조화라는 평범한 진리 속에 성립되는 자연의 모습을 표상表象하고 있다.

위의 작품에 대해 일본인들은 아무리 조화된 자연의 모습이라 해도 그것을 바라보는 사람이 투명하고 맑은 심적 상태에 있지 않으면 그 속에 내포된 참된 미美를 포착하기는 불가능하다고 강조한다. '하이쿠'의 그윽한 정취란 자연 본연의 소박하고 한적한 세계에 대한 내면적 몰입이 요구되는 미적 경지이자 일종의 형이상학적 세계로

서, 그것이 인간의 삶 속에 투영, 조화되는 가운데 심오한 인생의 진리를 사변적思辨的으로 표현한다는 것이다. 실제로 마쓰오 바쇼는 자연의 한적함 속에서 느끼는 '하이쿠'의 그윽한 미적 경지를 '사비さび', 혹은 '와비わび'라 불렀으며,[10] '하이쿠'를 지탱하는 일본문예의 전통 미의식의 하나로 인식하였다. 여기서 한적한 미적 경지에 대한 일본인들의 보편적인 공감과 수용은 간결한 언어표현을 중시하는 '하이쿠'의 가장 핵심적 요소를 형성하고 있다. 따라서 그들은 서양인들이 이 구를 읽고, 이 구의 개구리가 한 마리라는 증거는 없으며, 따라서 복수의 개구리가 뛰어 들었을 경우를 생각하면 반드시 한적함을 노래한 것이 아니라는 주장에 대해 결코 동조하지 않는다. 근대 이후 '하이쿠'는 기존의 계절감의 표현에 구애되지 않고 순수한 생활자적 애환을 담는 등 여러 가지 개혁의 움직임을 보이기도 하였으나, 아직도 그 틀은 크게 무너지지 않고 있다. '와카'와 더불어 어떤 형태로든 전통 속에서 함께 숨 쉬고 살아가기를 바라는 일본문화의 성향이 여실히 반영된 결과이다.

---

10) 두 단어 모두 사전적으로는 쓸쓸함 정도의 의미를 지님.

설화說話문학으로서의 '무카시바나시昔話'

'와카'나 '하이쿠'와 더불어 일본의 문화적 풍토나 성향 등을 엿볼 수 있는 자료로 신화神話와 설화說話를 들 수 있다. 일본에는 우리나라나 중국의 경우와 마찬가지로 옛부터 국가나 특정 지역의 성립을 에워싼 신화와 민간에 전승되어 내려오는 일상생활 속의 설화가 존재하며, 그 내용적 틀을 통해 일본인들의 민족성은 물론 생활철학이나 도덕체계 등을 읽어낼 수 있다. 고대인들은 일상적 삶 속에서 자연과의 밀접한 관련성에 입각해 자연의 본체를 신神이라 여겼고, 신과의 교섭은 문학이 발생하는 계기를 제공해 주었다. 일본의 신화는 국가의 성립을 다룬 국가 신화로부터 특정 씨족氏族의 성립이나 지역에 관계되는 내용 등 매우 다양하게 나타난다.

한편 신화와 설화는 성격적으로 약간의 차이가 존재한다. 먼저 신화란 말 그대로 신에 관한 내용이므로, 초자연적 성격을 띠고 있다. 물론 설화의 경우도 일정부분 상통하지만, 신화가 신의 이야기에 따른 신성성神聖性이나 역사성歷史性을 드러내고 있다면, 설화는 주로 인간에 관한 것이 중심이 된다. 인간의 일상생활에서 생겨난 교훈성과 염원을 중심으로 성립된 짧은 이야기로서, 당시 사람들의 인간적 관심사와 흥미, 삶의 애환 등을 담고 있다. 혹자는 설화와 전설傳說을 구별하기도 하나, 전설이 구체적인 사물이나 인물과 연관을 지니며 일찍부터 일본인들에게 진실로 여겨져 전승되어 온 이야기라면, 설화는 시대나 장소, 인물을 특정하지 않는 흥미 위주의 공상적 내용에 가깝다. 이와 같은 설화 중 일본인의 보편적 성향이나 배후에 담겨진 문화적 특성을 엿볼 수 있는 자료의 하나가 "옛날 옛날 어느 곳에…"라는 정해진 문구로 시작되는 '무카시바나시昔話'이다.

부연하자면 일본문학의 성립 과정에서 사람들의 입을 통해 전해진 구승의 전설이나 '무카시바나시'와 같은 설화, 그리고 신화는 훗날 일본에 국자國字의 성립에 따라 기록되면서, 산문문학의 토대를 형성하였다. 이를 총괄하는 용어인 '모노가타리物語'는 훗날 예술성을 겸비한 고전 산문문학의 대표적 장르로 발전하여 근대의 'novel' 즉 소설로 계승되었다.

'무카시바나시'의 문화적 의의

일본에서 '무카시바나시'의 연구 역사는 아직 짧지만, 일본인들의 이에 대한 관심은 매우 높다. 이미 수만 개에 달하는 '무카시바나시'가 수집돼 있고, 이를 바탕으로 민속학, 문학 등의 분야에서 활발한 조명과 연구가 행해지고 있다. 전술한 바와 같이 설화문학으로서 '무카시바나시'가 특정의 인물이나 시대를 지칭하지 않는다는 점에서 예부터 일본인들이 보편적으로 갖고 있는 관심사나 가치관을 엿볼 수 있는 중요한 텍스트로 인식되기 때문이다. 전설의 경우 보통 역사적으로 실존했던 인물을 다루고 있으므로 필연적으로 약간의 과장이 존재하고, 기본적으로 그 인물에 관한 개별적 이야기의 전개가 두드러지는 것과는 대조적이다.

실제로 수많은 일본의 '무카시바나시' 중 무로마치시대 말기부터 메이지시대에 걸쳐 널리 정착돼 사랑을 받고 있는 대표적 이야기를 소개해 볼까 한다. 참고로 이들은 너무나 유명한 이야기이므로 지방에 따라 약간의 이동異同이 존재한다.

대표적 '무카시바나시'

가치카치야마 かちかち山[kachikachi-yama]

어느 노인 부부가 산에 있는 밭에서 콩 씨를 뿌리는 작업을 하고 있는 곳으로 너구리 한 마리가 나타나 콩 씨를 모두 다 먹어버리고 만다. 다음날에도 같은 작업을 하고 있을 때 역시 너구리가 나타나 콩 씨를 먹으려하자, 할아버지는 미리 계략을 써서 너구리를 잡은 후, 할머니에게 집에서 잘 감시하고 있으라고 다짐을 주고는 다시 산으로 일을 나간다. 집에서 일을 하고 있던 할머니에게 너구리는 목숨을 살려달라고 애원을 하고, 이를 불쌍히 여긴 할머니는 너구리를 풀어준다. 그러나 너구리는 할머니를 죽이고는 할머니 고기를 국에 넣어 끓인 후 자신은 할머니로 둔갑하여 할아버지를 기다린다. 할아버지가 돌아와 그 국을 마시자 너구리는 자신의 정체를 드러내고 그 국에 할머니 살이 들어있다고 말한 뒤 도망친다. 분하고 슬픈 마음에 할아버지가 울고 있자 평소에 할아버지 부부와 친하게 지내던 토끼가 나타나 자초지종을 들은 후 자신이 대신 할머니의 원수를 갚아주겠다고 말하며 할아버지를 위로한다.

마침내 토끼는 볶은 콩을 가지고 산으로 가게 되고, 그곳에서 고소한 냄새를 맡게 된 너구리가 나타나 자신에게 콩을 나눠 달라고 조른다. 토끼는 저 산에 가서 장작 나무를 가지고 오면 주겠다고 제안을 하고, 이를 허락한 너구리와 함께 산에 가서 장작을 구한 후 너구리로 하여금 등에 많은 장작 나무를 메게 만든다. 여기서 토끼는 부싯돌을 꺼내 너구리가 메고 있는 장작에 몰래 불을 붙인다. 장작에 불이 붙은 줄 모르는 너구리가 토끼에게 나무가 타면서 나는 '가치카치'라는 소리를 듣고 무엇이냐고 묻자, 토끼는 '가치카치' 울어대는 새의 울음소리라고 답하고는 마침내 너구리에게 화상을 입힌 후 도망쳐버린다.

다음날 토끼는 된장에 고춧가루를 섞은 것을 가지고 너구리에게 가서 화상에 좋은 약이라고 말한다. 이번에도 토끼의 말을 곧이들은 너구리는 그것을 등에 바르고 매우 고통스러워한다. 얼마 후 다시 나타난 토끼를 보고 너구리가 자신을 속였다고 따지자, 토끼는 자신은 전혀 모르는 일이라고 이번에도 시치미를 떼고는 또 다른 제안을 한다. 그 제안이란 지금 자신은 바다에 물고기를 잡으러 가는 길인데, 생각이 있으면 진흙으로 배를 만들어 타고 따라오라는 것이었다. 토끼의 이야기를 들은 너구리는 생선을 먹고 싶은 일념에 진흙으로 배를 빚은 후 바다로 함께 나간다. 그러나 결국 얼마 안 있어 너구리가 탄 진흙 배는 물에 녹게 되고, 헤엄을 치지 못하는 너구리는 깊은 바다에 빠지고 만다. 이 광경을 지켜보던 토끼는 죽어가는 너구리에게 자신은 할머니의 원수를 갚은 것이라고 말한다.

이상의 이야기는 악행을 저지르면 결국 벌을 받는다는 인과응보因果應報의 불교적 교훈성을 담고 있다. 불교가 일본인들의 전통 신앙 속에서 중요한 위치를 차지하고 있음을 암시하는 부분이다. 그러나 무엇보다 주목해야 할 점은 원한의 당사자인 할아버지가 아닌 토끼가 할머니의 원수를 갚는다는 설정으로, 이를 이해하기 위해서는 일본인의 성향과 문화적 특성을 고려하는데 중요한 키워드인 '온恩'과 '기리義理', 그리고 '하지恥'의 상관관계를 이해할 필요가 있다.

미국의 저명한 문화인류학자인 루스 베네딕트Ruth Benedict(1887~1948)는 일본문화론의 고전적 명저로 일컬어지는 『국화와 칼The Chrysanthemum and the Sword』(1946)에서 일본인의 행동패턴과 문화적 성향을 이해하는 키워드로 '온恩'과 '기리義理', '하지恥' 등을 들고 있다. 우선 '온恩'이란 자신의 의사와 관계없이 타인에게 입은 호의와 악의惡意 모두를 가리키며, 일본인들은 '온'을 입는 순간 그것을 반드시 갚지 않으면 안 되는 부채負債처럼 인식한다는 것이다. 만약 그 '온'을 변제辨濟하지 않으면 인간으로서 지녀야할 도덕규범인 '기리義理'에 위배되는 것으로서 불명예스러운 수치인 '하지恥'를 발생시키는 요인이 된다고 주장한다.

이야기 속에는 명시되어 있지 않으나, 토끼는 아마 평상시에 할머니와 할아버지로부터 적지 않은 '온'을 입었을 것이며, 그러한 '온'에 대한 변제 의도가 자신과는 아무런 이해관계도 없는 타자적他者的 위치의 너구리에 대한 '복수'로까지 이어졌다는 점에 주목할 필요가 있다. 이를테면 우리에게 친숙한 『흥부전』에서는 제비와 흥부, 놀부가 당사자로서의 직접적 관계성을 갖고 있고. 나아가 제비가 자신의 다리를 고쳐 준 흥부에 대한 보은報恩과 자신의 다리를 고의로 부러트린 놀부에 대한 응징膺懲은 각각 별도의 개념으로 취급된다. 이에 비해 일본의 '온'은 양자의 개념을 동시에 내포하고 있으며, 그것이 선의든 악의든 상대에 대해 등가적等價的인 양만큼의, 이른바 등량변제等量辨濟를 추구한다는 점에서 이질적이다. 다시 말해 이 이야기에서 토끼의 너구리에 대한 복수는 반드시 너구리를 죽임으로써 완성된다.

한편 상대로부터 입은 악의의 '온'에 대한 복수는 설령 살상殺傷으로 이어진다 해도 도덕적으로 아무런 문제가 없는 선의의 행동으로서, 오히려 사회 구성원으로서 마땅히 취해야할 '기리'의 영역에 속한다. 물론 선의의 '온'에 대한 변제를 등한시하는 것도 마찬가지이다. 오히려 '온' 의 변제인 '기리'의 의무를 게을리 하는 것이 일본인들에게는 가장 수치스럽고 부도덕한 행위가 된다. 표면적으로는 토끼가 너구리에게 행한 '복수'는 토끼의 입장에서 자신에게 가해진 개별적 원한관계가 아닌, 사회 도덕적 면에서의 '응징膺懲'에 해당하는 것이다. 그러나 문제는 이 응징을 완수하는 행위가 단순히 토끼가 할머니와 할아버지로부터 받은 '온'에 대한 개별적인 '기리'를 완수하는 것에 머물지 않고, 사회의 불합리에 대한 공적公的 의무를 다한다는 '기리'의 사회적 성격을 드러낸다는 점이다. 우리나라나 중국의 설화가 보편적으로 '恩'의 개별성, 혹은 사적인 면에 무게 중심이 있는 반면, 일본의 '온'은 공적인 성격을 나타낸다는 점에 차이가 있다. 만약 토끼가 할머니에게 '온'을 입지 않았다 해도 너구리에 대한 응징은 세상에 태어나면서부터 짊어지게 되는 '온'에 대한 변제의무를 충실하게 완수하는 사회 구성원으로서의 윤리적 덕목인 것이다. 이처럼 사회적 책무로서의 '기리'를 중시하는 행위의 배후에는 정당한 복수를 도덕적으로 유가치한 것으로 여겨 온 일본 무사사회의 정신적 단면이 당시의 일반 민중에게 널리 확산되어 있음이 엿보인다.

끝으로 우리 관점에서 본다면 사나운 호랑이도 아닌 너구리가 자신을 살려준 할머니를 죽일 필요는 없었으며 그것도 모자라 국에 넣었다는 부분이나, 마지막에 너구리가 물에 빠져 죽는 장면에서 지역에 따라서는 그냥 물에 빠져 죽는 것이 아니라 토끼가 막대기로 너구리를 쳐서 죽이는 설정으로 돼 있는 점 등은 너무 잔인하다는 느낌이 든다. 이것 또한 무사정권 성립 후 무사들에게 부여된 특권인 살상의 권한이 가져온 일종의 생명경시 현상이라고 지적해도 좋을 것이다. 참고로 일본의 '무카시바나시'에는 이와 유사한 권선징악勸善懲惡에 입각한 복수의 내용을 다룬 이야기가 다수 존재한다.

혀 잘린 참새 舌切りすずめ[shitakiri-suzume]

옛날 노부부가 살고 있었는데, 산에 나무를 하러간 할아버지가 점심에 할머니가 싸준 도시락을 꺼내 먹으려 하자 그 안에 참새 한 마리가 자고 있었다. 도시락은 참새가 다 먹어 버린 상태였지만, 할아버지는 참새가 너무 귀여워 집으로 데려가 키우기로 한다. 이후 참새와 할아버지는 떨어질 수 없는 친한 사이가 되었다. 그러던 어느 날 할아버지가 산으로 나무를 하러 가고 참새는 집에서 할머니와 남게 된다. 마침 할머니가 빨래를 하기 위해 시냇가로 나간 사이 참새는 할머니가 빨래를 위해 쑤어 놓은 풀을 전부 먹어 치우고 만다. 이 사실을 안 할머니는 분노하여 다시는 그런 장난을 못하도록 참새의 혀를 잘라내고는 집 밖으로 내쫓아 버린다.

집에 돌아와 자초지종을 전해들은 할아버지는 놀라 참새를 찾기 위해 뛰쳐나온다. 참새의 행방을 알 수 없는 할아버지는 여기저기를 헤매다가 우연히 길에서 말을 씻기고 있는 남자를 만나 혀가 잘린 참새를 보지 못했냐고 묻는다. 그러자 그 남자는 말을 씻은 물을 7잔 마시면 가르쳐 주겠다고 하고 할아버지는 시키는 대로 한 후 참새의 행방을 전해 들을 수 있었다.

마침내 대나무 숲 속에 위치한 참새의 집을 찾아 참새를 만난 할아버지는 할머니의 행동을 정중히 사과하고 다시 자신의 집으로 돌아갈 것을 권하지만, 참새는 이를 거절하고 대신 할아버지에게 맛있는 음식을 대접한다. 할 수 없이 발길을 돌리려는 할아버지에게 자신을 찾아 준 감사의 표시라며 커다란 옷상자와 작은 옷상자를 내 보이며 하나를 택하라고 말한다. 할아버지는 작은 것을 택해 집으로 가지고 온 후 그것을 열게 되는데, 그 안에는 온갖 금은보화가 들어 있어 할아버지는 하루아침에 큰 부자가 된다. 욕심 많은 할머니는 할아버지에게 이야기를 들은 후 어째서 큰 상자를 택하지 않았냐며 큰 상자를 가져오기 위해 직접 참새를 찾아 간다. 참새를 만난 할머니는 역시 후한 대접을 받은 후 참새가 내 놓은 두 개의 상자 중 큰 상자를 택한다. 이때 참새는 할머니에게 절대로 집에 도착할 때까지는 도중에 상자를 열지 말라고 당부하나, 이를 어긴 할머니가 도중에 상자를 열자 그 안에는 뱀을 비롯한 흉측한 괴물과 도깨비가 들어 있어 할머니를 혼내 주었다.

우리나라의 『흥부전』을 연상시키는 내용으로, 일본에는 우리나라의 「혹부리 영감」과 유사한 이야기도 전해진다. 필경 이와 같은 설화는 당시 중국이나 인도와 같은 동양권의 나라에 보편적으로 존재했던 것으로, 모두 보은의 의미를 강조하고 욕심의 과함을 경계하는 교훈적 요소를 담고 있다. 그러나 내용 면에서 할머니가 참새의 혀를 자르는 잔인함은 차별성을 느끼지 않을 수 없다. 이러한 잔인함도 궁극적으로는 무사사회가 갖는 거친 정신성의 반영이며, 말을 씻던 남자가 할아버지에게 말을 씻긴 더러운 물을 7잔이나 마시도록 강요하는 부분도 할아버지의 선한 마음을 부각시키는 도구적 역할을 하고는 있지만, 목적의 수행을 위해서는 어떠한 고통도 인내하는

극기적 요소라는 무사의 정신자세를 암시하고 있다.

모모타로 桃太郞[momotaro]

전술한 이야기 속에 공통적으로 드러나는 특징은 권선징악으로 불리는 설화가 갖고 있는 교훈적 요소이나, 그것을 표현하는 방식은 무사사회에 입각한 일본적 정신성에 뿌리를 두고 있다. 이에 비해 마지막으로 소개하는 '모모타로' 이야기는 일본 고유의 문화적 특성을 느끼게 한다.

어느 노부부가 꽃놀이를 나갔다가 쉬고 있자니 어디선가 복숭아 한 개가 굴러 다가온다. 이것을 집으로 가져와 헝겊에 싼 채 베갯머리에 두자 다음날 아침 복숭아가 갈라지며 속에서 아이가 태어났다. 슬하에 자식이 없던 부부는 무척 기뻐하며 아이가 복숭아에서 태어났다고 해서 '모모타로'라 이름 붙이는데, '모모'는 복숭아란 뜻이며, '타로太郞'는 장남인 남자아이를 가리킨다.

마침내 '모모타로'는 하루가 다르게 더없이 용맹하고 총명한 남자로 성장해 간다. 그 무렵 세상에는 매일 같이 고약한

도깨비들이 출몰하여 많은 피해를 주고 있었다. 용감한 청년 '모모타로'는 도깨비들을 퇴치할 결심을 하고 부모님이 만들어 주신 수수경단을 지닌 채 '도깨비 섬鬼ヶ島으로 향한다. 가는 도중에 우연히 만난 개와 원숭이, 꿩도 합세하여 일행은 목적지에 도착한다. 입구 문을 두드리자, 수많은 도깨비들이 튀어 나오고 그때마다 모모타로는 수수경단의 힘으로 용맹스럽게 그들을 남김없이 퇴치해 버린 후 도깨비 섬에 있는 수많은 금은보화를 들고 당당히 집으로 돌아온다.[11]

이것은 전술한 일본신화에 등장하는 '스사노오노미코토'의 괴물 퇴치 이야기에서 알 수 있듯이, 용맹스러움을 중시하는 무사사회에 입각한 남성적 사고의 전통과 '악'(도깨비)을 물리치는 권선징악적 요소, 그리고 주인공을 돕는 개와 원숭이, 꿩 등의 존재를 통해 주체적 자연관에 입각한 동물과 인간의 교류, 친화 의식 외에 다음과 같은 일본문화의 특징적 성격을 엿볼 수 있다.

우선 주인공의 출생의 특이함을 나타내는 '이상탄생담 異常誕生譚'이다. 그 중 식물의 경우가 두드러지며, 이를테면

---

11) 참고로 지역에 따라서는 마지막 부분에서 '모모타로'는 섬에 잡혀와 있던 이 나라의 공주를 무사히 구출하고 같이 돌아와 이 지역을 다스리던 왕에게 큰 상금을 받고 부자가 되기도 한다.

'모모타로' 외에 박에서 태어난 '우리코히메瓜子姫' 이야기, 대나무에서 태어난 '가구야히메かぐや姫' 이야기 등 그 예는 얼마든지 존재한다. 흔히 그 배후로는 일본인들의 고대신앙에서 중요한 요소를 차지하는 '정령신앙精靈信仰'의 영향이 지적된다. 정령신앙이란 초목이나 동물, 무생물에 대해 영혼이 깃들어 있는 초자연적 존재로 여기는 사상으로서, 우리나라나 중국의 경우도 예외는 아니다. 다만 일본의 정령신앙은 일본의 전통적 종교인 신도神道의 다신교적 전통과 불가분의 관계에 있으며, 식물에 국한되지 않고 동물이나 무생물에까지 범위가 다양하다는 점에서 특징적이다.

다음으로 주인공들은 모두 매우 크기가 작은 존재에서 비약적으로 성장한다는 공통점을 갖고 있다. 일례로 '난장이'란 뜻의 '잇슨보시一寸法師' 이야기도 '모모타로'의 내용과

〔사진 3〕 잇슨보시 인형

매우 흡사하다. 이러한 소인小人의 활약에 대해 이어령은 역시 축소지향이라는 코드를 제시한 바 있으며, 충분한 설득력을 갖고 있다. 이러한 소인들의 활약은 결국 일본인들의 세계 진출의 원대한 꿈과 무관하지 않은 것 같다.

역사적으로 실존했던 인물 중에서 일본인들이 가장 좋아하는 영웅의 하나로 우리에게는 임진왜란으로 알려진 도요토미 히데요시豊臣秀吉를 들 수 있다. 도요토미가 일본인들에게 사랑 받는 가장 큰 이유는 섬나라라는 제한된 공간에 위치한 일본 땅을 벗어나 처음으로 광활한 중국 대륙으로의 진출을 시도하여 원대한 포부를 펼쳤다는 점으로, 근대에 접어들어 침략전쟁의 화두가 된 '대동아공영권大東亞共榮圈' 구상에서도 여실히 드러난다. 이어령도 지적하듯이 일본인의 축소지향성은 단순히 사물의 크기에 국한된 것이 아니며, 역설적으로 '소'에서 '대'를 창조하려는 그들의 문화적 자긍심을 근저에 내포하고 있다. 무사 사회의 정신성과 축소지향의 문화적 코드 등은 일본의 '무카시바나시'를 단순히 흥미로운 옛날이야기로 넘겨버릴 수 없는 일본인들의 문화적 성향을 담고 있음을 웅변해 준다.

이상 살펴본 바와 같이 '와카'나 '하이쿠', '무카시바나시' 모두 단순히 일본 전통문학의 하나의 장르에 머물지 않고, 그 배후에 담겨진 일본인들의 의식체계나 가치관, 나아가 일본문화의 성향을 엿볼 수 있는 단서를 제공한다는 점에서 특징적이다. 문학은 결국 그 나라의 민족 감정이나 정서를 반영하고 있으므로, 이를 통한 문화적 접근은 그 나라를 이해하는 매우 유효한 수단임이 분명하다.

· 이어령, 『축소지향의 일본인』, 문학사상사, 2008 ·

일본과 일본인, 일본문화를 관통하는 핵심적 코드로서 축소지향성을 들면서, 이를 바탕으로 전통과 현대에 이르는 일본의 문화적 특성을 조목조목 진단하고 있다. 구체적으로 문학은 물론 자연과 사회, 산업에 이르는 일본의 제반 분야부터 일본인들의 생활 태도에 이르기까지의 특징을 축소라는 단어를 대입시켜 점차 확대의 패러다임으로 변모를 꾀하고 있는 현대 일본의 모습을 여과 없이 투영한다.

· 루스 베네딕트, 『국화와 칼』, 김윤식 외 옮김, 을유문화사, 2008 ·

국화(평화)와 칼(전쟁)이라는 대조적인 제목이 암시하는 일본인, 일본문화의 이중성을 미국의 세계적 문화인류학자인 루스 베네딕트가 날카롭게 해부한 책이다. 서양인의 입장에서 일본문화를 이해하는 핵심적 키워드로 '온(恩)', '기리(義理)', '닌죠(人情)', '하지(恥)' 등을 거론하면서 무사사회에 근간을 두고 있는 일본문화의 원형(原型)적 특징을 다각도로 모색하고 있다. 메이지유신(明治維新)을 비롯한 일본의 역사와 사회구조, 도덕, 윤리적 가치체계에 대한 문화상대주의적 기술은 1946년의 발간 시점부터 오랜 시간이 경과한 현재에도 일본, 일본인, 일본문화를 이해하는 필독서 중의 하나로 평가받고 있다.

• 한국일본학회, 『신일본문학의 이해』, 시사일본어사, 2001 •

국내 대학에서 교편을 잡고 있는 일어일문학 전공자들이 일본문학의 전체적 성격 및 특징을 시가, 소설, 일기와 수필문학, 극문학, 비교문학, 일본문학의 연구현황 등 6개의 항목에 걸쳐 논하고 있다. 일본문학의 배후에 있는 역사적인 시대배경과 더불어 일본문학의 추이를 개괄적으로 점검하는 데 도움이 되는 서적이다.

• 사에키 쇼이치 외, 『파란 눈에 비친 일본』, 배준호 옮김, 계명, 2000 •

메이지시대 이후 현대에 이르기까지 외국인에 의한 일본론의 대표적 저술 40여 편을 간단한 내용 소개와 함께 안내한 서적이다. 메이지유신을 통해 세계무대에 등장한 신비의 나라 일본의 모습을 자국인이 아닌 다양한 위치에 있는 외국인의 눈을 통해 조명한다는 점에서 일본문화의 특성을 이해하는 데 시사하는 바 크다.

한국과 베트남의 교류, 인천과 하이 퐁 Hải Phòng, 海防

윤대영

서울대학교 동양사학과 및 동 대학원을 거쳐 2007년 파리7대학 LACO 박사학위를 받았다. 지은 책으로 『일제 식민지지배의 구조와 성격』(공저), 『마주보는 두 역사: 인천과 하이 퐁』이 있으며, 주요 논문으로는 「김영건의 베트남 연구 동인과 그 성격」, 「1874~1945년. 하이 퐁의 개항과 한국 사회」 등이 있다. 현재 서강대학교 동아연구소 HK조교수.

'저만치' 존재하던 '안남'에 대한 '베트남'으로의 재인식은 소통과 미래를 향한 실천적 움직임으로 변화되어 나가며, 한국인들의 정신에 위기뿐만 아니라 활력을 불어넣어 줄 수 있었던 것이다. 그러면 이와 같은 상황 속에서 인천과 유사한 베트남 개항장 하이 퐁(Hải Phòng, 海防)은 한국사회에 어떠한 모습으로 다가오고 있었을까?

한국과 베트남의 교류,
인천과 하이 퐁Hải Phòng, 海防*

한국과 베트남의 교류

한국과 베트남의 역사적·문화적 '유사성'에도 불구하고 전통시대에 양국 간에는 공식적인 교섭이 없었다. 한반도의 지식인들이나 국가들이 소위 '안남安南'이라는 나라에 대해 관심을 갖기 시작한 시기는 대략 9세기 무렵까지 거슬러 올라간다. 최치원崔致遠이 '교지交趾'[1]의 사방 경계와 당대 '안남도호부'의 연혁을 알리는 과정에서 베트남 북

---

* 이 글의 내용은 필자의 「1874~1945년, 하이 퐁(Hải Phòng, 海防)의 '개항(開港)'과 한국사회」(『인천학연구』 10, 2009. 2) 및 『마주보는 두 역사, 인천과 하이 퐁』(인천문화재단, 2010) 등에 바탕을 두고 시민들을 대상으로 하여 일부 수정·보완한 것임을 밝혀 둔다.

1) B.C. 111년 한나라 무제(武帝)가 남 비엣(Nam Việt, 南越, B.C. 207~B.C. 111)을 정복하고 이 지역에 교지군(交趾郡)을 포함한 영남(嶺南) 9군을 설치함으로써 그 이름이 유래하였다.

부 지역의 역사, 지리, 문화 등을 개략적으로 소개하기 시작했던 것이다. 이후, 고려시대와 조선시대를 거치면서 남비엣의 역사와 풍물, 후한後漢 시기 마원馬援의 베트남 원정과 그에 대한 쯩Trung 자매의 저항운동, 베트남과 중국의 관계 및 그에 기초한 중국의 '안남' 지배 양상, 명의 베트남 정벌 등과 같은 단편적인 사실들이 차츰 알려지게 되었다.

두 나라 사이에 접촉이 있었다면, 그것은 비공식적인 것으로, 우선 배를 타고 항해하던 중 표류하여 베트남인이 한반도에 이르든가 조선인이 베트남에 온 경우를 들 수 있다. 또 다른 하나는 양국의 사신들이 중국에 가서 서로 만난 것이었다. 이러한 과정에서 조선의 사신들은 중국에서 베트남 사신들을 접촉하면서 동남아 지역의 한 나라를 인식할 수 있는 기회를 잡을 수 있었다. 그리고 조선 후기는 조선 전기에 비해 베트남에 대한 관심이 증대되면서 베트남에 대한 이해가 한층 더 깊어졌다.

그리고 전통시대에 일부의 사신들이나 표류자들이 호기심의 대상으로 '안남'을 언급하던 시대는 19세기에 들어오면서 변화를 맞이하게 되었다. 응우옌Nguyễn 왕조阮朝 (1802~1945) 성립 이후 조선의 '베트남 바라보기'는 이전 시기 베트남 인식의 방법과 내용을 보다 구체화시키면서 조선 후기 사회를 비판하는 기준으로도 작용할 수 있었다. 특히, 19세기 후반 베트남의 식민지화에 대한 조선의 위기의식은 조정과 재야 지식인들에게 커다란 반향을 일으키며 베트남 재인식의 결정적인 계기를 마련하였고, 1880년대부터 '베트남 알리기'를 목표로 하는 각종 매체의 '월류越流' 전파 노력은 프랑스의 베트남 침략 상황과 의병 항쟁을 전달하는 형태로 나타났다. 그리고 러일전쟁 이후에는 베트남의 식민지 상황이 한국의 현실과 미래를 보게 하는 척도가 되어, '보호국' '안남'의 식민지화 원인에 대한 규명이 다각도로 이루어졌다. 특히, 한일 병합 이후 국외를 중심으로 전개된 '베트남 알리기'는 당시 침체기에 있던 한국의 독립운동과 혁명운동을 쇄신하기 위한 일환이었다고 평가할 수 있다.

이러한 과정을 통해, 전통시대에 존재했던 '안남'과의 공간적 거리감은 한국인들이 자신들의 존재를 자각적으로 물으며 '베트남'의 실체를 인정하는 심리적·현실적 유대감으로 변용되었다. 그리하여 '저만치' 존재하던 '안남'에 대한 '베트남'으로의 재인식은 소통과 미래를 향한 실천적 움직임으로 변화되어 나가며, 한국인들의 정신에 위기뿐만 아니라 활력을 불어넣어 줄 수 있었던 것이다. 그러면 이와 같은 상황 속에서 인천과 유사한 베트남 개항장 하이 퐁Hải Phòng, 海防은 한국사회에 어떠한 모습으로 다가오고 있었을까?

역사 속의 하이 퐁

하이 퐁(북위 20° 51′, 동경 106° 42′)은 베트남 동북부에 위치하고 있으면서, 서쪽의 하이 즈엉Hải Dương 성, 북쪽의 꽝 닌Quảng Ninh 성, 남쪽의 타이 빈Thái Bình 성과 경계를 이루고 있고, 하노이Hà Nội에서 102km 떨어진 항구도시이다. 홍 강 하구에 자리를 잡고 동쪽의 통킹 만에 면해 있는데, 타이 빈 강 지류인 껌 강Cửa Cấm, 禁江 우안 및 하구로부터 25km 상류에 위치한다. 총 16개의 강과 지류로 형성되어 있는 하이 퐁의 행정 구역은 도시 중심부에 4개의 꾸언Quận, 郡과 교외에 8개의 후옌Huyện, 縣으로 나누어져 있다.

제2차 세계대전과 베트남전쟁 때 피해를 입었으나 19세기 말에 건설된 시가지는 그대로 남아 있다. 거리에는 가로수와 꽃나무들이 많고, 프랑스풍 건물이 많아 이국적이기도 하다. 또한, 하이 퐁은 하 롱Hạ Long 베이와 깟 바Cát Bà 섬으로 가는 경유지여서, 하 롱 베이를 가는 길에 이곳을 찾는 사람들도 여전히 많다.

아울러, 베트남에서 세 번째로 큰 도시인 하이 퐁은 북부에서는 하노이 다음으로 제2의 도시이자 주요 공업도시이며, 북부 최대의 항만 도시이다. 남부의 사이공^{Sài Gòn} 항과 함께 국제적인 항구로 어항 이외에도 무역항과 군항의 역할도 겸하고 있는데, 항구에는 외국 선박이 많이 정박해 있어서 항구도시 특유의 활발한 기운이 넘친다. 또한, 철도 교통의 요충지이기 때문에, 석탄과 쌀 등을 수출하며, 해군 기지도 이곳에 있다.

이상에서 살펴 본 현재 하이 퐁의 다양한 모습들은 본 항구의 다채로운 역사적 경험들과도 무관하지 않다. 우선, 전통시대 하이 퐁의 역사는 베트남의 대중국 항쟁이란 측면에서 찾아 볼 수 있다. 현재 하이 퐁 시 꾸언 중의 하나인 레 쩐의 유래는 1세기 중반으로까지 거슬러 올라간다. 후한이 건국된 후 교지 태수로 부임한 소정^{蘇定}의 착취에 불만이 많았던 베트남 토착 사회는 40년 쯤 짱^{Trưng Trắc}과 쯩 니^{Trưng Nhị} 두 자매를 중심으로 베트남인 최초의 대규모 저항운동을 일으켰고, 쯩 짝은 메 린^{Mê Linh}에 도읍을 정하고 스스로를 왕이라 칭하였다. 당시 쯩 짝의 저항운동에 가담하여 그녀를 도와 준 지도급 인물들 중에는 여성이 꽤 많이 있었다. 현재 하이 퐁 부근의 안 비엔^{An Biên}에서 출생한 레 쩐^{Lê Chân}(?~43)도 바로 이러한 여성 전사들 중의 한 명이었다.

이러한 하이 퐁 지역의 대중국 저항운동의 전통은 이후에도 면면히 계승되었다. 약 천 년간 중국의 지배를 받아오던 베트남에 독립을 위한 분위기가 10세기부터 서서히 고조되고 있었다. 응오 꾸옌Ngô Quyền은 938년 남한南漢과의 바익 당Bạch Đằng 강(하이 퐁의 투이 응우옌Thủy Nguyên 현 부근) 전투에서 하이 퐁 출신 다오 누언Đào Nhuận, 응우옌 떳 또Nguyễn Tất Tố, 리Lý 씨 형제 등의 도움으로 승리를 거둠으로써 민족독립으로 가는 길에서 하나의 큰 이정표를 세웠다. 베트남 독립의 상징적인 사건이었던 바익 당 강 전투는 13세기 후반 몽골에 대항하는 과정에서 다시 한 번 재현되었다.

15세기에 이르러서도 하이 퐁의 항전 전통은 계속되었다. 적극적인 대외 팽창 정책을 추진했던 명나라 영락제永樂帝(1403~1424) 시기에 또 다시 중국의 지배를 받게 된 베트남은 레 러이Lê Lợi의 주도로 독립을 되찾는 데 성공했는데, 이 과정에서 팜 응옥Phạm Ngọc, 응우옌 쓰 꼬이Nguyễn Sư Cối, 레 응아Lê Ngã 등의 지도 하에 하이 퐁에서 일어난 일련의 대명 저항운동은 레 러이의 통킹 델타 전투 승리에 큰 공헌을 하였다.

이처럼, 중국과의 대결 과정에서 나타난 하이 퐁 지역

의 저항 전통은 15세기를 전후로 하여 새로운 국면으로 접어들게 되었다. 한편으로는 수도에 근접해 있으며, 다른 한편으로는 수도를 관통하여 바다로 흘러가는 홍 강의 하류에 자리 잡고 있는 지정학적 이점을 이용하면서 교역항으로서의 면모가 서서히 나타나기 시작한 것이다.

하이 퐁 항구의 부상

하이 퐁 지역은 고대에 인천과 마찬가지로 지방의 작은 어촌에 지나지 않았으나, 10세기경부터 해상 교통이 시작되었다고 한다. 15세기 이전까지는 수도 탕 롱에서 홍 강을 거쳐 바익 당 강을 통해 중국 해안으로 이르는 해상 루트가 보편적이었고, 15세기에 이르면 외국 선박들도 왕래하게 되었다. 이후, 16~18세기에 이르러 탕 롱에서 50km 떨어진 홍 강 서안의 포 히엔Phố Hiến(현재의 홍 옌Hưng Yên)이 새로운 국제 무역항으로 부상하였다.

19세기에 들어오면, 포 히엔의 국제 무역 중심지로서의 역할은 퇴색되어 버리고, 명칭도 1831년에는 홍 옌으로 변경되었다. 1825년에 40척의 중국 정크junk선(중국인이 연해나 하천에서 승객·화물을 운송하는 돛배)들이 남 딘Nam Định

과 하노이에서 교역했다는 기록을 고려해 본다면, 교역의 센터가 포 히엔에서 이 두 지역으로 옮겨갔음을 알 수 있다. 19세기 중반에는 하이 퐁 지역이 다시 무역항으로 각광을 받게 되는데, 주요 수출품 중의 하나가 바로 쌀이었다. 1844~1846년 당시에 쌀을 수입하기 위해 통킹 지역에 나타난 중국 정크선들은 하이 퐁 지역에서만도 300척 이상이었는데, 보통 한 척의 정크선 당 약 23톤의 쌀을 실어 나르고 있었다고 한다. 1840년대 말에 70척 이상의 함대를 거느리고 홍콩과 하이 퐁 지역을 오가던 중국 무역선들로부터 통행보증금을 빼앗았던 삽응차이의 해적 활동도 19세기 중반 하이 퐁과 중국 서남 지역과의 교역 활동이 왕성하였기 때문에 가능하였을 것이다. 19세기 중반 이후에도 하이 즈엉 성 관할의 '닌 하이Ninh Hải, 寧海汛' 라는 지명으로 사료 상에 등장하는 하이 퐁은 여전히 어업과 교역의 중심지였을 뿐만 아니라, 중국 상인들이 즐겨 찾는 무역항이었다.

그러나 1862~1864년 북부 지역에서 일어난 가톨릭교도 따 반 풍Tạ Văn Phụng의 반란은 닌 하이의 국제 무역항으로서의 발전에 제동을 거는 계기가 되었다. 꽝 옌Quảng Yên 을 중심으로 발생하기 시작한 반란은 응우옌 왕조의 반 가톨릭 정책으로 피해를 보고 있던 교도들과 각 지역의 토비나 중국의 해적들이 가담하면서 북부 전역으로 확대되었다. 아울러, 프랑스 원정군 랑동 원수Maréchal Randon의 지령을 받은 뒤발Duval 중사가 1862년 초부터 응우옌 왕조에 불평등조약 체결을 강요할 목적으로 극비리에 통킹에 가서 따 반 풍을 지원한 것도 베트남 북부 지역 내전 확대에 중요한 요인으로 작용했다.

따 반 풍 세력의 확대에 큰 위협을 느끼고 있던 응우옌 왕조는 남부에서 프랑스군과의 전투를 잠시 중단하고 북부에 전력을 집중시킬 필요가 있었다. 더군다나 북부의 반란은 레 왕조에 대한 베트남 북부 사람들의 뿌리 깊은 충성심을 불러일으킬 염려가 있었기 때문에, 그러한 상황이 진전될수록 응우옌 왕조에게는 한층 위험했던 것이다. 이제 베트남 정부는 우선 북부의 반란을 조속히 진압하고자 하였기 때문에, 지연작전으로서만 이용했던 협상 태도를 바꾸어 1862년 6월 5일 이른바 제1차 사이공 조약壬戌條約을 체결하게 되었다.

1864년 따 반 풍의 반란을 진압한 응우옌 왕조는 이듬해부터 하이 퐁 지역을 관할하던 하이 즈엉 성에 대한 봉쇄 조치에 들어갔다. 따 반 풍 세력이 닌 하이 항을 통해 적지 않은 보급 물자를 공급받았기 때문이었다. 그래서 이곳에 '해방둔海防屯'을 설치하여 상인들과 여행객들의 무분별한 접근을 차단하였으며, '해방아^{海防衙}'를 설치하여 관세를 과거에 비해 높게 책정함으로써 보호 무역 정책을 실시했다. 이후, 중국에서 오던 상인들과 해적들이 이전처럼 닌 하이를 중심으로 활발한 활동을 펼칠 수 없게 되었고, 교역의 중심지도 점차 남 딘의 짜 리^{Trà Lý}나 닌 하이 건너편의 깟 바 섬으로 옮겨졌다. 그 결과, 1872년에 이르면 이 두 지역이 통킹 지역과 중국 광동^{廣東} 지역과의 교역에서 90% 정도를 차지하게 되었다.

이상에서 살펴 본, 1872년까지의 하이 퐁 지역의 발전 과정은 1873년에 이르러 전환기를 맞이하게 되었다. 1873년 말에 감행된 프랑스의 본격적인 통킹 경략과 그에 따른 제2차 사이공조약의 체결은 하이 퐁 항구를 국제 교역항으로서의 성격을 강화시키는 결정적인 계기가 되었다.

하이 퐁의 '개항'

응우옌 왕조는 1874년 3월에 체결된 제2차 사이공조약^{甲戌條約}에서 남부 6성에 대한 프랑스의 주권을 인정해 주었으며, 대외정책이 프랑스의 정책에 부응하도록 하며,

프랑스의 국익에 반하는 제3국과의 조약은 체결하지 않기로 약속하였다. 또한 제11조에서는 빈 딘^{Bình Định} 성의 티 나이^{Thi Nại}(현재의 꾸이 년^{Quy Nhơn}) 항, 하이 즈엉 성의 닌 하이(현재의 하이 퐁) 항, 그리고 운남^{雲南}에 이르기 위해 하노이와 홍 강을 개방하여 외국인이 들어와서 통상할 수 있도록 해야 했다.

프랑스 측이 '개항장'의 하나로 닌 하이, 즉 하이 퐁을 주목한 이유는 세 가지로 요약될 수 있다. 첫째는 하이 퐁과 그 주변 지역은 적어도 15세기부터 국제 무역의 전통을 갖고 있었기 때문에, 통킹 지역의 경제 활동을 장악할 수 있는 중심지로 어렵지 않게 발전시킬 수 있으리라는 판단이 작용했다. 둘째로, 하이 퐁 항은 북부의 상업 중심지 하노이와 남 딘을 동시에 연결할 수 있는 입지 조건을 갖추고 있었다. 마지막으로, 프랑스는 하이 퐁 '개항'을 통해 무역상의 이권을 선점할 수 있을 뿐만 아니라, 하노이와 홍 강을 경유하여 중국 남부의 내지로 통하는 루트를 확보하는 동시에 해남도^{海南島}, 홍콩, 마카오, 광주^{廣州} 등지와의 왕래도 한층 수월해지는 효과를 예상하고 있었다.

이처럼, 하이 퐁은 19세기 후반부터 중국으로의 진출을 모색하고 있던 프랑스의 전략 항구로 선택되어 인천보

다 10년 정도 일찍 '근대 개항장'으로서의 성격이 한층 강
화되는 계기를 맞게 되었다.

'개항' 이후 하이 퐁의 제도적 정비

제2차 사이공조약에서 명시된 하이 퐁 항의 '개항'은
1875년 9월 15일에 현실화되었다. 이와 함께, 베트남 북
부 통킹 지역은 정식으로 외국의 상인들에게도 개방되어
국적에 상관없이 보호를 받을 수 있게 되었고, 그 결과
1878년 8월에 영국과 독일 정부가 각각 통상을 목적으로
하이 퐁에 대표부를 설치하기에 이르렀다. 이후, 1880년
5월 27일에는 정식으로 영사관이 설치되어, 초대 영사로
드 샴뽀De Champeaux가 임명되었다.

이러한 과정에서, 1880년대부터 등장한 프랑스 식민정
책의 변화는 하이 퐁 개발에 박차를 가할 수 있는 분위
기를 형성할 수 있었다. 식민지 건설의 초기에 프랑스는
남부의 코친차이나 지역을 차지하여 사이공에 총독부를
두고 중심 도시로 건설했었다. 그러나 사이공은 베트남
남단인 메콩 강 델타 하구에 자리 잡고 있었기 때문에
중국과의 거리가 멀어서 중국 진출이 지정학적으로 용이

하지 않았다. 이런 이유로 다시 하노이 지역을 식민 통치의 근거지로 삼고자 시도하게 되었다.

1883년의 제1차 투언 호아조약, 1884년의 제2차 투언 호아조약, 그리고 1883~1885년의 청불전쟁 등을 통해 프랑스의 베트남 북부 지배가 점차 확고해지자, 1880년대 중반부터 하노이를 장악하고 있던 식민당국의 총주재관Résident Général 베르Bert, Paul는 하이 퐁 항을 군사와 경제의 중심 도시로 육성할 것을 천명하기에 이르렀다. 이 과정에서, 이미 1885년 봄부터 시작된 하이 퐁의 요새화 작업을 보완할 목적으로 1886년 6월 3일에는 하이 퐁 상업위원회Chambre de Commerce de Haiphong를 두어 하이 즈엉, 꽝옌, 남 딘, 닌 빈, 중부의 각 성, 그리고 중북부의 연안 지역을 관할할 수 있도록 했다.

아울러 프랑스 당국은 1888년에 이르러 새로운 전략을 채택하게 되었다. 같은 해, 하노이와 다 낭을 북부 통킹과 중부 안남에서 분리시켜 코친차이나와 같은 직할 식민지로 만들었던 것처럼, 1884년 7월 6일 조약의 제18조에 의거하여 1888년 10월 1일에 하이 퐁에도 드디어 조계를 설치해 버렸다. 또한, 1891년 12월 31일에 하이 퐁은 하노이와 함께 식민정부 아래의 '시市, municipalité'로 승격되어 항구도시로서의 위상이 더욱 강화되었다.

하이 퐁의 항만 개발과 해상 네트워크 구축

1880년대 중후반 이래 하이 퐁의 식민화 과정이 제도적 장치의 정비와 함께 진행되어 감에 따라, 항만 구축 사업도 본격화되기 시작했다. 하이 퐁 항 개발은 우선 내지와의 네트워크 구축 사업으로 진행되었다. 1885년, 주재관 보날Bonnal은 땀 박Tam Bạc 강과 껌Cầm 강을 연결하는 길이 3km, 폭 74m의 쎙띠르 운하Canal du Ceinture 건설을 승인하였고, 5년 뒤인 1900년에는 하노이와 하이 퐁 사이에 정기 연락선이 운행되기 시작하였다.

[사진 1] 1900년 경 하이 퐁과 하노이 사이의 정기 연락선 피닉스(Phénix)호[2]

2) Robert Dubois, *Tonkin en 1900*, Paris: Société française d'éditions d'art, 1900, p. 291.

이어서 하이 퐁 항의 연안 항로가 본격적으로 개발되기 시작하였다. 1905년 당시에 하이 퐁에서 남쪽으로 출항하면 응우옌 왕조의 군주가 거주하고 있던 투언 호아Thuận Hóa 지역에는 하루 한 나절이면 도착할 수 있었으며, 사이공까지는 사흘이 걸렸다. 하이 퐁에서 북쪽으로 유명한 석탄 산지인 홍 가이로 출항해도 역시 몇 시간 안에 도착할 수 있었다. 이후, 1938년 하이 퐁의 연안 항해 출입 통계를 살펴보면, 당시 출항한 선박이 9,913척(기선 5,840척, 범선 4,073척), 입항한 선박이 9,946척(기선 5,871척, 범선 4,075척)이었음을 확인할 수 있다.

하이 퐁의 국제 해상 루트 발전 과정을 살펴보도록 하자. 1875년 9월과 1876년 4월 사이에는 오직 세 척의 기선과 세 척의 범선만이 하이 퐁 항구에 정박했을 뿐이어서, 당시의 상황만으로 본다면 전도유망한 무역항으로 볼 수 있는 측면이 거의 없었다. 1880년경까지의 아시아 간 무역은 주로 정크선 무역이고 근대적인 항로망은 아직 요람기에 있었기 때문이었다. 그러나 이후 구미로부터 수입된 근대 해운의 기술력은 아시아 간의 교통망을 비약적으로 발전시켰다. 이러한 근대 해운의 발달은 하이 퐁이 외부 세계와 보다 쉽게 접촉할 수 있게 하는 기반을 형성하도록 만들었는데, 그 과정에서 나타난 특징적인 사항들을 살펴보도록 하자.

제2차 사이공조약 체결 이후 서서히 발전하던 하이 퐁은 1880년대에 들어서면서 본격적인 국제 무역항으로서의 모습을 드러내게 되었다. 1887년에는 껌 강 연안에 창고 시설이 건설되었고, 이후 1896년까지 이르는 동안 하이 퐁 도크 회사Société des docks de Haiphong에 의해 대규모 축항 공사도 함께 진행되어 대형 선박도 정박할 수 있는 여건이 마련되었다. 그리하여, 프랑스 선박회사 마르띠Compagnie Marty는 1891년부터 하이 퐁~홍콩 간 노선을 운항하기 시작했다. 또한, 1897년 초대 인도차이나 총독으로 부임한 두메르Paul Doumer(재위 1897. 2~1902. 3)는 응우옌 왕조의 하노이 포정사사布政使司를 폐지하고 프랑스 정청政廳으로 대치하면서 홍 강 델타 지역에 대한 지배권을 제도적으로 강화하기 시작하면서, 1902년 1월 1일에는 사이공에 있던 총독부마저 하노이로 이전해 버렸다. 당시 프랑스는 이미 1898년 4월 10일의 조약에 의해 중국 광주만廣州灣의 조차권을 얻은 상태였기 때문에 하이 퐁 항을 더욱 크게 건설하여 광주만과 상호 보완하는 형세를 조성하고자 했기 때문이었다.

그 결과, 1905년경에 해로로 하이 퐁에서 출발하면 흠주欽州의 북해北海, 해남도의 경주瓊州와 광주만에 모두 하루면 도착할 수 있었다. 홍 가이에서 광주만으로 석탄을 운송해도 하루면 도착할 수 있었다. 하이 퐁에서 더 멀리 홍콩, 마카오까지도 40시간이면 충분했다. 이후, 1938년 통계에 나타난 하이 퐁의 국제 항로 출입 통계에는 출항한 선박이 382척(기선 380척, 범선 2척)으로, 입항한 선박이 360척(기선 360척)으로 기록되어 있는데, 하이 퐁의 국제 교역에는 기선이 월등히 높은 비율로 많이 이용되었음을 알 수 있다.

한편, 1884년 리용의 대상사大商社 윌리쓰 삘라Ulysse Pila가 하이 퐁 항 부근에 지점을 설치하고 1888년 상업호텔Hôtel du commerce이 시내 중심지에 건립된 이래 1912년경의 하이 퐁에는 16개의 프랑스 상사와 18개의 제조업체가 운영되고 있었다. 제조업체들 중에서 1899년에 설립된 인도차이나 시멘트 회사는 하이 퐁 산 시멘트를 대량으로 인도차이나 전역, 중국, 필리핀, 태국, 네덜란드령 인도, 싱가포르 등지로 수출하게 되었다. 그 밖에도, 돗자리나 쌀 등이 하이 퐁의 유럽 상사나 화교 상인들에 의해, 유럽, 홍콩, 싱가포르, 말레이반도 그리고 중국 등지로 판매되었다. 그 결과 하이 퐁과 중국 남부의 개항장들 및 동남아시아 각국의 개항장들과의 네트워크는 가속화되었고, 인천과 같은 한국의 개항장도 이와 같은 조류에 적극적

〔사진 2〕 1900년경의 하이 퐁 상업호텔[3]

으로 가담하여 프랑스와 통상수호조약을 체결한 1886
년부터 매년 인도차이나로 인삼을 수출했고, 다른 한편
인도차이나에서 생산된 쌀을 수입하게 된 것이었다.

이상에서 살펴 본 것처럼, 19세기 말에 본격적으로 착
수된 하이 퐁 항 개발은 20세기 초반에 이르러 결실을
맺게 되어, 하이 퐁~홍콩(혹은 광주) 간의 운항은 비약
적인 발전을 이루었다. 또한, 독일, 미국, 영국, 일본 등의
다국적 선박들이 홍콩이나 광주에서 상해와 인천을 거
쳐 나가사키나 요코하마로 연결되는 해양 네트워크에 적

3) Ibid., p. 305.

극적으로 동참함으로써, 국제 무역항으로서의 하이 퐁의 위상은 더욱 강해졌다.

이러한 해양 네트워크의 '근대적' 발달과 함께 병행된 정보의 신속한 유통은 한국인들에게도 점차 영향을 미치게 되어, 베트남 인식의 차원을 한 단계 높이는 계기가 되었음을 추론해 볼 수 있다. 이하에서는 베트남 북부 항구 하이 퐁이 한국인들에게 '선험적인' 인식 차원에서뿐만 아니라 실제의 행동 영역에까지도 의미 있는 존재로 등장하게 된 배경과 과정을 한국 언론의 기사 내용과 한국인들의 여행이나 체류 등의 직접적인 체험을 통해 검토하고자 한다.

한국인들의 하이 퐁 인식

한국사회에서 하이 퐁 항구에 대한 최초의 언급은 19세기 후반으로 거슬러 올라간다. 1895년 6월 4일자 『법국상공업회의소잡지法國商工業會議所雜誌』에서 정보를 얻은 동년 8월 17일자 『관보官報』의 「외보外報: 청국상업시찰원淸國商業視察員」에서는 같은 해 프랑스 리용 상업회Chambre de Commerce de Lyon에서 파견한 청국상업시찰단의 구성과 여정을 소개하고 있다. 상해에서 성장한 시찰단장 로쉐르^{Rocher, Émile}가 중국 남부의 경제 사정에 대해 정통하다는 소식을 전하고 나서, 상해에 상륙하여 사천四川, 감숙甘肅, 귀주貴州, 운남, 섬서陝西 등지를 둘러보고 나서 양자강을 거슬러 올라가 중경重慶까지 방문하려고 하던 시찰단 여정에 대해 밝히고 있다. 또한, 하이 퐁에서부터 중국과의 변경지대 라오 까이^{Lào Cai}까지는 철도가 부설되어 있으므로 중경까지의 여행 일정도 적지 않게 단축할 수 있음을 덧붙이고 있다. 이 기사를 접한 한국 독자들은 하이 퐁이 서구와 동아시아 해상 루트를 연결하는 중요한 항구들 중의 하나라는 점과 하이 퐁에서 기차로 중국 국경지대에까지 연결된 내륙 루트가 존재하고 있었음을 이해하게 되었을 것이다.

그리고 1921년부터 출현하기 시작한 하이 퐁과 관련된 기사는 우선 화교의 양상에 집중되어 있음을 확인할 수 있다. 원래, 1875년부터 프랑스인들과 함께 하이 퐁에 정착하기 시작한 화교는 1년 사이에 850명으로 늘어났다. 1897년에 이르면 전체 18,480명의 인구 중에서 화교가 5,500명을 차지하고 있었다. 이후에는 껌 강 연안에 있는 현재의 리 트엉 끼엣^{Lý Thường Kiệt} 거리를 중심으로 차이나타운을 형성하게 되었다.

이러한 하이 퐁 화교 사회의 성장에 영향을 받은 탓인지,《동아일보》1921년 7월 27일자는 대북발臺北發 전보를 인용하여 중일中日 합작의 형태로 대북에 본점을 두고 있던 화남은행華南銀行이 동경東京, 중국 남부, 남양南洋 등지에 점포를 개설한 이후에, 하이 퐁에도 출장소를 신설했음을 알리고 있다. 아울러, 통킹 만의 중요한 개항장인 하이 퐁은 쌀의 수출항으로서도 유명할 뿐만 아니라 철도의 기점이기도 하기 때문에, 화남은행의 개설로 화교 자본에 의한 무역의 성과가 더욱 풍성해지기를 기대하고 있었다.

또한, 1927년 8월 29일자《동아일보》와《조선일보》는 하이 퐁에 거주하던 베트남인들과 화교들의 갈등 양상에 대해, 동일한 기사를 게재하고 있다. 이 기사에 의하면, 하이 퐁 지역 베트남인들의 화교 참살慘殺 사건으로 나타난 배화排華 풍조에 대해 북경 정부 외교부는 주중駐中 프랑스공사에게 엄중히 항의하고, ① 하이 퐁의 '배화풍排華風'을 신속히 제지할 것, ② 수범首犯을 체포할 것, ③ 하이 퐁의 베트남인들이 다시는 화교의 생명과 재산에 위협을 가하는 일이 없도록 보증할 것 등을 요구하였으나, 전혀 효과를 보지 못한 채, 1927년 9월 말에 '제2차 분쟁안紛爭案'이 발생하였다. 이 사건으로 화교 220여 명이 살해당하고 수많은 사람들이 부상당하자, 화교 단체에서는 참살된 동포의 추도회를 거행하고 시위운동을 전개하게 되었다. 베트남인들도 다시 결집하여 대치 상황에 이르게 되자, 프랑스 당국이 나서서 화교들의 시위를 중지시켜 큰 충돌 없이 해결되었다. 그런데, 이번에도 사건의 발단은 베트남 부녀자들의 선동적인 언사에서 촉발되었다고 밝혀졌다. 이처럼, 베트남 현지인들과 화교들의 충돌 사이에 '안남' 부녀자들이 항상 개입되어 있는 상황은 어디에서 연유하는 것일까?

베트남에 들어와 살던 화교들은 줄곧 베트남 여성들의 영역인 교역 분야를 파고들었다. 여타의 동남아시아 국가에서는 세월의 흐름과 더불어 중국인이 점차 상권을 장악해 왔지만, 베트남에서는 매우 예외적으로 중국인의 상권 장악 정도가 약했다. 그 이유는 베트남에서 화교들은 종종 심한 탄압을 받아 왔기 때문이었다. 양국 간의 빈번한 전쟁, 그에 따른 베트남인의 경계심, 유난히 강한 베트남 민족중심주의 등이 화교 집단의 무한 성장을 내버려두지 않았던 것이다.

1920년대 후반에 한국 언론에 소개된 하이 퐁 거주 베트남인들과 화교들 사이의 충돌은 과거 역사의 반복이었을 뿐이며, 역시나 이번에도 분쟁의 불씨는 베트남 여성들에게 있었음을 확인할 수 있다. 당시 1920년대 초반부터 본격적으로 몰려들기 시작한 중국인 노동자들을 배척하기 시작한 한국사회에 하이 퐁 지역의 전통적인 반중국反中國 정서와 베트남 여성들의 행동 양식은 흥미로운 기사 거리였음에 틀림없었을 것이다.

그 외에도 동아시아 국제 정세에서 하이 퐁이 차지하고 있는 정치적인 역할을 다양한 각도에서 조명하고 있는데, 우선 1930년의 대불對佛독립운동을 다룬 《동아일보》의 기사들(2. 22, 3. 8)이 주목할 만하다. 하노이와 하이 퐁의 식민지 군대에서 복무하던 베트남인 4백 명이 '안남독립당'의 지원으로 2월 11일 반란을 일으켜 3월에 이르러서도 여전히 프랑스군과 대치 상태임을 전하고 있다. 국내에서의 저항적 독립운동이 점차 소멸되어 가고 있던 상황에서, 하이 퐁 식민지군 소속 베트남 병사들의 무장 투쟁은 독자들에게 큰 귀감이나 대리만족이 되었을 것이다.

아울러, 중일전쟁 당시 하이 퐁 루트를 통한 중국 측의 무기 수입 상황과 그에 대한 일본군의 대응 방식이 전쟁 뉴스의 형식으로 많은 지면에 할애되고 있었다. 그리고 1938년 10월 30일자 《조선일보》는 하이 퐁의 지정학적 중요성을 통킹 지방 해양 문호門戶로서의 위상, 철도에 의한 중국 운남 지역과의 연계, 남부 코친차이나 지역과

의 교통망 구축 등을 통해 다루고 있는데, 하이 퐁 지역
에 대한 인식 방법이 점차 총론적으로 진행되고 있었음
을 파악할 수 있다.

이상에서 한국 언론을 통해 살펴 본 한국사회의 하이
퐁 인식 과정은 1895년의 단편적인 정보로 촉발되어, 20
세기 전반을 거쳐 다양한 현안으로 구체화되어 나갔다고
할 수 있다. 이 과정을 통해 하이 퐁을 조금씩 접하게 된
한국인들은 여행이나 체류를 통해 자신들의 '선험적인'
인식 단계를 보다 구체적인 경험과 체험으로 재고시켜 나
가고자 했던 것은 아닐까?

한국인들의 하이 퐁 방문과 체류

한국인으로서 최초로 하이 퐁을 방문한 사람은 한말
강원도 지역의 항일 의병장 민용호閔龍鎬(1869~1922)가 아
니었을까 한다. 1896년 의병들이 해산하자 일제와 지속
적인 항전을 벌이기 위해 그는 이듬해 원세개袁世凱를 만나
청나라의 원병을 요청하였다. 그러나 현실적으로 그 가능
성이 희박해지자, 홍콩으로 가고자 했다가 원세개에게 다
시 도움을 구하기 위해 홍콩행을 포기하였다. 중국에 있

던 민용호는 1897년 8월 고종의 소환 조칙을 받고 귀국한 후 주로 한말 보부상을 총괄하던 상무사商務社를 중심으로 활동하다가, 무슨 이유에서인지 중국과 베트남 지역을 돌아다니기 시작했다.

1901년 3월 인천에서 배를 타고 상해에 도착하여 절강성, 복건성, 광동성 등지의 명산名山과 대천大川을 두루 돌아본 다음, 홍콩에서 베트남으로 향하여, 하노이, 하이 즈엉, 돈 딘Đôn Định, 頓定 및 운남성과 귀주성 등 여러 성을 둘러 다음 해인 1902년 여름에 귀국하였던 적이 있었다. 민용호의 여행 루트를 고려해 본다면, 아마도 홍콩에서 베트남 북부 지역의 중심지들을 둘러보기 위해서 하이 퐁 항에 먼저 배편으로 도착한 다음에 거기에서 홍강 델타의 주요 도시들을 방문하고, 이후에 육로로 국경을 넘어 중국 서남 지역으로 들어간 것이 아닐까라는 추론이 가능하다.

이후, 한국의 독립운동가들도 베트남 북부를 중국 서남 지역에 이르는 중간 경유지로 활용하기 시작했다. 이미 독립운동가 임득산林得山(1896~1943)은 1912년 17세 때 상해로 와서 3~4개월간 머물렀으며, 그의 형을 따라 광주, 베트남 등지를 시찰하였는데, 이때부터 그는 장래 동남아지역에 대한 '사업과 계획'을 가지게 되었다고 한다. 특히, 1910년대 이래 운남성으로 가려는 한국인들은 일반적으로 홍콩에서 배를 타고 베트남 북부를 통해 들어갔는데, 이후 그들의 여정과 관련하여 언급해야 할 것이 바로 인도차이나 철도이다.

19세기 말에서 20세기 초로 진입할 무렵에 열강들이 철도 정략을 식민지 침략의 기본 전략으로 삼았던 것처럼, 프랑스도 역시 이 점에 진력을 기울이게 되었다. 인도차이나 총독 두메르도 부임하자마자 철도 부설 계획을 발표하였다. 그는 특히 하노이에서 사이공에 이르는 인도차이나 횡단 철도 뿐만 아니라 하이 퐁에서 하노이를 거쳐 라오 까이에 이르는 노선에 막대한 예산을 투입하여 베트남 항구와 중국 영토와의 직접적인 연결을 시도하게 되었다.

1901년 7월 5일에 하이 퐁~하노이~라오 까이~곤명昆明 노선에 대한 부설권을 획득한 인도차이나-운남 프랑스 철도회사는 1906년에 이르면 하이 퐁~라오 까이 노선(394km)을 완성하였고, 1910년에는 이 노선을 곤명까지 연장할 수 있었다. 그 결과, 하이 퐁에서 하노이까지는 기차로 4시간이면 도착할 수 있게 되었고, 하노이에서 홍강을 따라 거슬러 올라가 운남성의 몽자蒙子, 사모思茅 등지에도 편리하게 갈 수 있게 되었다. 항구에 철도가 건설되어 수도로 연결됨에 따라, 수출입의 중심이었던 하이 퐁은 내지와의 활발한 유통이 더욱 강화되었던 것이다.

하이 퐁에서 중국 서남 지역으로 연결되는 내륙 교통망은 한국 독립운동의 전개 과정에 호기로 작용하게 되었다. 경성고등보통학교 3학년에 재학 중이던 이범석李範奭(1900~1972)은 1915년 여름 일시 국내에 들어온 여운형呂運亨(1886~1947)과의 만남을 계기로 그해 가을에 중국으로의 망명을 감행하게 되었다. 그는 11월 20일 의주에서 압록강 철교를 건너 봉천奉天에 도착한 이후, 상해를 거쳐 1916년 항주杭州로 향하여 군관예비학교의 성격을 가지고 있던 항주체육학교에 6개월간 다녔었다. 그해 가을에는 배달무裵達武, 김정金鼎, 김세준金世畯(1897~1961), 최진崔震(1897~1965) 등과 함께 배편으로 홍콩과 통킹만을 경유하여 하노이에 도착했는데, 거기서부터는 철도를 이용하여 운남에 도착할 수 있었다. 이범석은 1915년 말 상해에서 알게 된 신규식申圭植(1879~1922) 및 손문孫文의 소개와 독군督軍 당계요唐繼堯(1883~1927)의 주선으로 곤명에 소재한 운남육군강무학교에 이국근李國根이라는 가명으로 입학하게 되었다. 통킹만에서 하노이에 다다르기 위해서는 먼저 하이 퐁에 도착하여 홍 강의 수로를 이용했거나 하이 퐁~하노이 철도 노선을 선택하였을 가능성이 매우 높다.

  마찬가지로, 1920년 4월에 서울에서 만주로 망명한 충남 홍성 출신의 김종진金宗鎭(1901~1931)은 북경에서 4~5개월을 머문 후, 이회영李會榮(1867~1932)으로부터 신규식을 추천받아 1921년 말 상해에 도착하였다. 그 역시 당시 이시영李始榮(1869~1953)과 신규식의 소개로 때마침 그곳에 와 있던 당계요의 사절을 따라 운남육군강무학교로 유학을 떠나게 되었다. 2월 말 상해 태고양행太古洋行 부두에서 광동행 화물선을 타고 복주福州, 하문廈門, 산두山頭를 거쳐 18일 만에 홍콩에 도착하였고, 5일을 기다렸다가 홍콩발~싱가포르착 배편으로 갈아타고 여행을 계속하여, 3월 말에 하이 퐁 항에 도착하였다. 하루를 그곳에서 쉰 후 다음날 철도편으로 하노이를 경유하여 이틀만인 4월 2일 저녁 무렵 곤명 역에 하차하고 나서, 신규식의 친서를 당계요에게 전달한 덕택에 운남육군강무학교 교도대에 곧바로 들어가 수업과 훈련을 함께 받을 수 있었다.

  1920년대의 재만在滿 한인사회 및 항일 독립군의 어려운 실상에 대한 현실적 인식에서 출발한 김종진의 운남육군강무학교 입학과 유사한 사례로, 후일 중공 당 휘하에서 활약하는 평안북도 출신 양림楊林의 운남육군강무학교 입교를 꼽을 수 있다. 그는 1920년 9월 만주 왕청현汪

淸縣 십리평十里坪에 설치된 사관연성소 졸업생들로 조직된 교성대敎成隊의 소대장으로 활동하면서 동년 10월에는 김좌진金佐鎭, 이범석 등과 함께 청산리 백운평白雲坪 전투 등에서 혁혁한 전공을 세웠으며, 1921년 2월 상해로 가서 노백린盧伯麟 등과 군사력 양성을 위해 진력하였다. 이후, 광주, 홍콩, 하이 퐁 등지를 거쳐 1921년 초 곤명에 도착한 그는 운남강무학교 포병과에 입학하여, 1923년 졸업 후 황포군관학교黃埔軍官學校 교관으로 무관 양성에 주력하게 되었다.

이와 같이 독립운동가들은 중국 운남성의 군관학교에 가기 위해 상해에 있던 한인 독립운동 진영의 주선에 의해 광주나 홍콩을 경유하여 베트남의 하이 퐁에 도착한 후 운남으로 향하였다. 하이 퐁 항에 상륙한 이후에는 화교 신분으로 변장하여 열차 편을 이용하는 것이 보편적이었다. 이 과정에서 곤명까지 직접 가는 경우도 있었지만, 운남성의 몽자에 인접한 베트남 국경지대 라오 까이에 이르러, 다시 2천여 리를 도보 혹은 말을 이용하여 대략 한 달가량을 소요하면서 곤명에 도착하기도 하였다.

한편, 『독립신문』 1920년 5월 11일자에는 「백림伯林까지」라는 흥미로운 기사가 보이는데, 벽송碧松이란 필명을 가진 사람이 베를린으로 가는 도중에 쓴 여행기이다. 이

여행기에 의하면, 벽송 일행은 1920년 4월 1일에 상해를 출발하여 인도양과 지중해를 건너 프랑스를 방문한 다음, 독일로 향할 예정이었다. 상해를 출발한 지 68시간 만에 벽송이 탄 배가 홍콩에 도착하자 잠시 그곳에 상륙하여 구경할 수 있었다. 이후 그의 배는 다시 광동에 들렀는데, 선중船中에는 상해와 광동에서 승선한 중국 학생 150명, 기타 필리핀 사람들, 베트남 사람들을 합쳐 300여 명이나 되는 승객으로 장사진을 이루고 있었다. 독어와 일어에 능했던 벽송은 4월 5일 밤에 열린 '선중회의船中會議'에서 중국 학생들을 대상으로 15분 간 연설을 하는 등 교유 활동에 적극적이었다. 4월 7일에는 "지금 배가 해방항海防港에 도착하여 모두가 상륙하려 합니다"라고 하면서 기행문을 끝내고 있는데, 홍콩에서 맛보았던 이국적인 '개항장' 분위기를 하이 퐁에서도 다시 한 번 느끼고자 하는 바람이 행간을 통해 역력히 드러나고 있다.

　이상에서 살펴본 한국인들의 하이 퐁 여행이나 경유는 이주로까지 확대되었던 것 같다. 이와 관련해, 1920년대부터 나타나기 시작한 베트남 이주의 전반적인 양상을 살펴볼 필요가 있다. 1926년 4월부터 1927년 1월까지 열 달 동안에 의주 읍내에 사는 청년 남녀들이 동 경찰서에서 여권을 받아서 해외로 "표랑의 길"을 떠난 수효가 82

명이었다. 1927년 2월 초에도 마찬가지 방법으로 "표랑의 길"을 떠나려는 수가 32명이나 되었다. 그들은 모두 30세 미만의 청년들이었는데, 미국령 필리핀으로 가는 경우가 가장 많았고, 그 다음으로는 영국령 홍콩과 프랑스령 인도차이나 등지를 방문했다. 그들은 차비 외의 얼마 되는 않는 자금으로 인삼 행상이나 기타 노동을 목적으로 "표연히" 고향 산천과 부모 친척을 떠나갔는데, 점점 피폐해 가는 농촌에서 수입이 없는 생활을 지속할 방도가 없었기 때문에 부득이 얼마 안 되는 가산을 정리하여 그렇게 "유랑의 길"을 선택할 수밖에 없었던 것이었다.

1933년의 『조선총독부통계연보』에 의하면, 인도차이나 거주를 목적으로 한 4건의 여권이 조선인들에게 발부되었는데, 그들은 모두 평안북도 출신으로 상업에 종사하는 사람들이었다. 1935년 10월 조선총독부에서 발표한 통계에 의하면, 세계 28개국에 산재한 한인의 총수가 2,783,254명이었는데, 베트남에 54명이 거주하고 있었음을 확인할 수 있다. 1938년 당시, 조선총독부가 집계한 재외 한인의 총수는 220여만 명이었는데, 그 중 역시 54명이 베트남에 거주하고 있었다.

그러면, 1930년대에 하이 퐁에 거주하고 있었다고 하는 전성화田成和는 어떤 경로를 통해 베트남 북부 항구로까지 이주해 갔던 것일까? 평안북도 신의주 태생으로 언제부터인가 봉천 안동현安東縣에서 활동하기 시작한 그는 1924년 5월 말부터 현지에서 창립된 '안동현조선인중개조합'의 서기로 활동하게 되었다. 1925년 4월 15일에는 조선 언론계에 종사하던 7백여 명 기자의 성대한 모임인 '전조선기자대회'에 《조선일보》 안동지국 기자의 신분으로 참가하기도 하였다. 또한, 동년 8월 22일, 안동유치기성회幼稚期成會가 주최하고, 안동청년회, 기독청년회, 조선일보 안동지국의 후원으로 개최된 음악강연회에 참가하여 의연금을 내는 등 교포 사회를 위해 활발한 활동을 벌였다. 동시에, 당시 중국으로 망명하는 독립군을 신의주와 중국 안동으로 안내하는 일을 하였다. 그러다가 일본 헌병에게 체포되었고 석방되자마자 중국을 거쳐 홍콩에서 몇 년 거주하다가 1932년부터 하이 퐁에서 거주하게 되었다. 1937년경에 이르면, 하이 퐁에는 전성화 가족을 포함하여 한국인 세 세대가 살고 있었으며 대부분 무역업에 종사하거나 인삼 장수로 넉넉한 생활을 하였다.

제2차 세계대전의 확산으로 동남아 각지에 일본군이 진주하게 되자, 일본군의 신분으로 인도차이나에서 병영 생활을 했던 한인들도 발견할 수 있다. 1945년 일본이 패망할 당시 하노이에는 상인, 군인, 군속, 부녀정신대 등의 한국인이 약 100명에 이르렀다고 한다. 전쟁이 종결된 후, 1946년 5월 5일 인도차이나의 하이 퐁으로부터 한국인 124명이 일본의 하카타博多를 거쳐서 부산에 입항했다. 인솔자인 전남 담양 출신 채위병蔡位秉(당시 28세)에 의하면, 자신이 베트남에서 귀국하기 20~30년 전인 1910년대부터 10명 이상이 그곳에 이주하여 주로 상업 활동에 종사하며 살면서 현지인들과의 교감을 형성하고 있었으며, 양국의 식민지 현실에 대한 동병상련은 제국주의 타도를 위한 연대의식으로까지 발전하고 있었음을 확인할 수 있다.

인천과 하이 퐁의 조우

이상에서 살펴 본 바와 같이, 하이 퐁에 대한 간접적인 정보가 한국사회에 흘러들어 오면서, 한국인들의 하이 퐁 체험은 더욱 구체화되어 갔다. 흥미 위주나 정보 획득의 대상이었던 하이 퐁은 여행 중 잠시 들려서 구경이나 하던 중간 기착지에서 변모하기 시작하여 투쟁과 삶의 현장으로 다시 태어나게 된 것이다. 독립운동가들에 있어서 하이 퐁은 전술상의 요충지였고, 교민들에게 있어서 하이 퐁은 국내에서 견딜 수 없었던 가난을 털어버리고 다시 새롭게 출발하는 희망의 도시였고, 군인들에게 있어서 하이 퐁은 전쟁 후 고국으로 돌아갈 수 있는 회생의 항구였던 것이다. 오스기 사카에가 하이 퐁에 잠시 머물면서 개인적인 상념에 잠겨서 '선험적인' 인식으로 베트남인들을 재단해 버렸다면, 한국인들은 생존의 현장이었던 하이 퐁에서 베트남 전체를 현실적으로 바라보고 있었을 것이다.

1986년 12월 베트남 정부의 도이 머이[Đổi Mới, 刷新] 정책 채택과 함께, 1992년 12월에 한국과 베트남의 국교가 재개되는 시점을 전후하여 양국 간의 관계도 급속도로 발전하기 시작했다. 이 과정에서 나타난 하이 퐁과 한국 간의 교류도 무시할 수 없는 상황이 되었다. 1992년 중반부터 국내의 선박 회사들이 베트남 항로를 개설하게 되었는데, 현재는 흥아해운, 동남아해운, 한진해운, 고려해운 등이 하이 퐁 항구에도 진출하여 활동하고 있다. 또한, 두산, LG, 포스코, 한국통신 등의 하이 퐁 현지 투자도 주목할 만하다. 이러한 해상 교통망의 확충과 국내 기업들의 적극적인 진출에 힘입어 하이 퐁이 한국사회에 점차 알려지게 되자, 최기선 인천광역시장은 하이 퐁 시를 방문하여 1997년 7월 25일 상호발전과 화합을 위해 자매결연을 체결하기에까지 이르렀다.

양 도시의 자매결연은 양국 관계의 비약적인 발전이라는 '현재적' 상황을 반영한 것이기도 하지만, 하이 퐁과 인천이 공유할 수 있었던 '역사적' 경험에서도 그 연원을 찾아볼 수 있다. 식민지화 과정에서 프랑스와 일본에 의해 소위 '개항장'으로 선택된 두 도시는 '근대'를 거치며 새로운 국제 항구도시로 성장할 수 있었고, 그 원동력을 바탕으로 '현재' 동아시아 해양 네트워크의 중요한 축으로 발전해 나가고 있기 때문이다.

  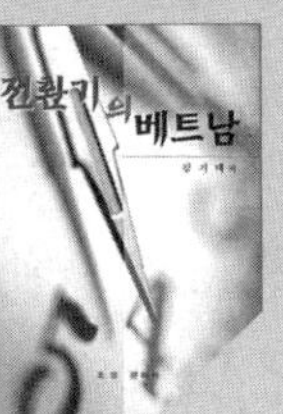 

• 조흥국, 『한국과 동남아시아의 교류사』 민족문화 학술총서 50, 소나무, 2009 •

이 책은 바다를 통해 한국과 동남아시아의 교류 역사를 밝히고 있다. 본서는 한-중-일 중심으로 인식되어 온 '동아시아적' 사고에 이의를 제기하며, 동남아시아에 대한 한국인의 무지와 오해를 풀어내고자 한다. 그 동안 잘 알려지지 않았던 전통시대 한국과 동남아시아의 친밀함을 발견하고 신아시아 외교의 핵심 대상 지역 중 하나인 동남아시아에 눈을 돌림으로써, 강대국이나 문화적인 나라와의 교류에 집중되어 왔던 우리의 관심을 이제는 동남아시아 사람들에게도 돌려야 한다고 역설한다.

· 유인선, 『새로 쓴 베트남의 역사』, 이산, 2002 ·

이 책은 최근 관심이 고조되고 있는 베트남의 역사를 정리한 책으로, 베트남의
기원에서부터 남북분단과 베트남전까지 베트남의 역사에 대해 체계적으로 소
개하고 있다. 1984년 이미 기존의 연구결과를 『베트남사』(민음사)로 정리해 펴
낸 유인선은 1990년 무렵부터 분출되기 시작한 베트남에 대한 새로운 연구 업
적들을 바탕으로 해외 학계의 연구 논문들을 소화해 가며 10여 년에 걸쳐 개
정 작업을 진행하며 베트남인들의 남다른 자존심과 집념 그리고 긍지를 전달
하고 있다.

· 김기태, 『전환기의 베트남』, 조명문화사, 2002 ·

30여 년간 베트남어 교육과 '베트남학' 연구에 전념해 온 저자의 기사와 기고
문 17편, 논문 11편과 베트남어로 쓴 기사 및 논문 4편을 소개하고 있다. 「한국
인 월남유학생 1호」, 「베트남의 최근 정세변화와 한국과의 관계」, 「韓–越 交流
關係 속에서의 1945年 前後의 베트남 居住 韓國人」 등과 같은 글들은 베트남
과 한국의 상호 작용에 대해 독자들의 주의를 환기시킨다.

· 최상수, 『韓國과 越南과의 關係』, 韓越協會, 1966 ·

이 책은 고려 말~조선시대 베트남과의 관계를 다루고 있는데, 베트남 왕자 리
롱 뜨엉(李龍祥)의 사적(事蹟)과 이수광과 베트남 사신과의 교류 내용 등이 포
함되어 있다. 한국의 '베트남학' 개척자인 김영건의 연구와 일본의 岩生成一 연
구에 영향을 받은 것으로 보이는 본서는 『조선왕조실록』의 각종 기사들을 이
용하여 전통시대 한–베 관계를 규명하고 있으며, 1945년 이후 한국과 남베트
남의 공식적인 외교, 경제, 문화 교류에 대해서도 주목한다.

• 김인덕·김도형, 『1920년대 이후 일본·동남아지역 민족운동』, 천안: 독
립기념관 한국독립운동사연구소, 2008 •

한국 근현대사의 외연을 추구하는 과정에서 동남아지역과 한국 독립운동과의
연관성을 밝혀 낸 역작이라고 평가할 수 있다. 한국인의 동남아지역 진출과 인
식을 바탕으로 1920년대 이후 동남아 각지에서 전개된 민족운동의 양상을 현
실감 있게 보여준다.

• 윤대영 『마주보는 두 역사, 인천과 하이 퐁』, 인천문화재단, 2010 •

기존의 연구가 개항 이후 인천의 발전 과정을 주로 동북아 지역과의 교류 양상
에 치중했던 측면에서 시야를 확대하여 동남아 지역과의 상호 관계로까지 확
장함으로써 인천을 중심으로 한 동아시아 세계의 재인식과 근대 이후의 역동
성을 현재적 관점에서 파악하고 있다. 또한 19세기 후반 인천은 하이 퐁과 어
떤 관계를 형성하고 있었는지 살펴보는 책으로 20세기 중반에 이르러 한반도
와 인도차이나반도가 각각 남북으로 분단된 이후, 식민지 시기의 발전 양상이
어떻게 변용되어 나갔는지 살펴본다.

한류를 통해서 본
동아시아와의 문화교류

김만수

서울대학교 국어국문학과에서 한국 희곡사를 전공하여 박사학위를 받았다. 지은 책으로 『문학의 존재영역』, 『희곡읽기의 방법론』, 『함세덕』, 『한국 현대 문학의 분석적 읽기』(공저), 『미디어와 콘텐츠의 이해』, 『문화콘텐츠 유형론』 등이 있고 역서로 『희곡을 어떻게 읽을 것인가』가 있다. 현재 인하대학교 인문학부 문화콘텐츠 전공 교수.

우리는 동아시아 각국에 일고 있는 한류 현상을 '높은 문화에서 낮은 문화로 향하는 일방적인 전파'라는 식으로 해석해서는 안 된다. 또한 그들이 한국 문화에 동화되고 있다고 보는 것도 큰 착각이다. 이제 우리는 '아시아의 친구'로서 그들과 한류를 공유하려는 의식을 가져야 한다.

한류를 통해서 본 동아시아와의 문화교류

한국의 경제적·문화적 위치

명목 국내총생산(GDP) 순위

(2007년 기준, 단위: 달러)

1	미국	13조8440억
2	일본	4조3840억
3	독일	3조3220억
4	중국	3조2510억
5	영국	2조7730억
6	프랑스	2조5600억
7	이탈리아	2조1050억
8	스페인	1조4390억
9	캐나다	1조4320억
10	브라질	1조3140억
11	러시아	1조2900억
12	인도	1조990억
13	한국	9570억

(자료: 한국개발연구원)

2008년 《동아일보》 창간 88주년 기념 국민의식 여론조사에서 한국 국민의 53.9%는 한국인이라는 점에 만족하고 있는 것으로 나타났다. '보통'이라고 한 응답자는 37.5%였으며 '만족하지 않는다'는 답변은 7.7%에 그쳤다. 그간 우리나라에 대한 자기비하 의식, 예컨대 한국은 외침을 900여 차례나 받은 약소민

족이며 강대국에 둘러싸인 지정학적인 운명에 따라 약소
국으로서의 고난을 겪어왔다는 인식은 이제 수정될 필요
가 있다. 실제로 하버드 대학의 동양학 교수들이 공동집
필한 『동양문화사』에서는 한국을 소개하는 첫머리에서
"한국은 큰 나라가 아니다. 그러나 결코 작은 나라도 아
니다"라는 구절로 출발한다.

한국은 어느새 경제규모 세계 11~15위의 강소국强小國
이 되었으며, 국민 스스로도 한국인임을 만족하거나 적
어도 부끄러워하지 않는 정도가 90%를 넘기는 국가가
되었다. 한국경제개발원KDI에서 제시한 통계에 의하면, 한
국은 2007년 명목 GDP 기준으로 세계 13위의 경제규모
를 가지고 있다.

세계 13위권의 경제규모는 G7 국가와 스페인, BRICS
(브라질, 러시아, 인도, 중국) 4개국 랭킹의 다음에 해당하
는 위치이며, 이들 13개 국가 중에서 한국은 가장 작은
국토 면적, 가장 적은 인구를 가진 나라인 동시에, G7도
BRICS도 아닌 거의 유일한 국가이기도 하다. 『문명의
충돌』로 유명한 새뮤얼 P. 헌팅턴은 최근 편역서 『문화가
중요하다』의 서문을 한국 소개로부터 시작한다.

1990년대 초 나는 가나와 한국의 1960년대 초반 경제 자

료들을 검토하게 되었는데, 60년대 당시 두 나라의 경제 상황이 아주 비슷했다는 사실을 발견하고서 깜짝 놀랐다. 무엇보다 양국의 1인당 GNP 수준이 비슷했으며 1차 제품(농산품), 2차 제품(공산품), 서비스의 경제 점유 분포도 비슷했다. 특히 농산품의 경제 점유율이 아주 유사했다. 당시 한국은 제대로 만들어내는 2차 제품이 별로 없었다. 게다가 양국은 상당한 경제 원조를 받고 있었다. 30년 뒤 한국은 세계 14위의 경제 규모를 가진 산업 강국으로 발전했다. 유수한 다국적 기업을 거느리고 자동차, 전자 장비, 고도로 기술 집약적인 2차제품 등을 수출하는 나라로 부상했다. (…중략…) 반면 이런 비약적인 발전이 가나에서는 이루어지지 않았다. 가나의 1인당 GNP는 한국의 15분의 1 수준이다. 이런 엄청난 발전의 차이를 어떻게 설명할 수 있을까? 물론 여러 가지 요인이 작용했겠지만, 내가 볼 때 '문화'가 결정적인 요인이라고 생각한다.[1]

헌팅턴이 말한 문화의 의미는 매우 다양하다. 우리는 우리 문화의 원동력을 한국인의 근면성, 전통적인 가치

---

1) 새뮤얼 P. 헌팅턴, 로렌스 E. 해리슨 공편, 『문화가 중요하다』, 이종인 옮김, 김영사, 2001, 8~9쪽.

관, 위기의 경험으로부터 배운 삶의 의지 등으로 예거할 수도 있을 것이다. 그러나 말 그대로, 우리 민족의 5천 년 역사는 그 자체만으로도 커다란 문화적 자산이다. 우리 문화가 건국 200여 년의 역사를 지닌 미국의 문화에 뒤질 이유는 전혀 없다. 이제 우리는 그 문화적 잠재력을 최근의 '한류 현상'에서 다시 확인하게 된다.

한류의 현황

기원

한류韓流, Korean Wave는 1996년 한국의 TV드라마가 중국에 수출되고, 2년 뒤에는 가요 쪽으로 확대되면서 중국에서 불기 시작한 한국 대중문화의 열풍을 지칭하는 신조어이다. 한류라는 용어가 처음 등장한 것은 1999년 문화관광부 홍보용으로 기획·제작해서 한국 공관을 통해 배포한 한국가요 음반의 제목으로 알려져 있다. 이후 중국의 《베이징칭녠바오北京靑年報》가 한국의 드라마 방영, HOT의 음반 발매, 클론의 공연 등으로 한국 대중문화에 대한 관심이 고조되는 현상을 1999년 11월 19일에 보도하면서 최초로 사용되었다는 의견도 있다. 다른 의견으로는 한류의 제2 근원지라고 알려진 대만에서, 한국 드라마 및 음악을 대대적으로 홍보하기 위한 수단으로 "여름날에 강추위가 몰려왔다〔夏日寒流〕"는 표현을 쓴 것이 처음이라는 설, 그리고 《런민르바오人民日報》의 사설 「한풍寒風이 지나간 후」(2001. 11. 4)에서 사용한 용어인 '한류寒流'와 '한풍寒風' 이 '한류'로 변하면서 처음 언급되었다는 설도 있다.

이후 한국 대중문화의 열풍은 중국뿐 아니라 일본·대만·홍콩·베트남·타이·인도네시아·필리핀 등 동아시아 전역으로 확산되었다. 특히 2000년 이후에는 드라마·가요·영화 등 대중문화만이 아니라 김치·고추장·라면·가전제품 등 한국 관련 제품의 이상적인 선호현상까지 나타났는데, 포괄적인 의미에서는 이러한 모든 현상을 가리켜 한류라고 한다. 심지어 대중문화의 수용 차원을 넘어 한국의 가수·영화배우·탤런트, 나아가 한국인과 한국 자체에 애정을 느껴 한국어를 익히거나 한국 제품을 사려는 젊은이들까지 생겨났는데, 중국에서는 이들을 가리켜 '합한족哈韓族'이라는 신조어로 부르기도 한다.

범위

한류의 현황은 중국에서 생활 경험이 있는 사람들의 일상적인 감각에 다음과 같이 표현되어 있다. 여러 네티

즌이 퍼담아 인터넷에 떠돌고 있는 아래의 내용은 한국인의 문화적 자긍심은 물론 중국의 변화, 한국문화에 대한 비교적 공정한 시각들이 담겨 있어 어느 전문적인 글보다 실감이 간다.

소위 한류 열풍이 중국 대륙을 뜨겁게 달구고 있습니다. (…중략…) 제가 중국 온 지 3년밖에 안됐는데도 매일매일 바뀌고 있는 것을 느낄 만큼 중국은 역동적입니다. 가장 큰 변화는 역시 삶의 모습입니다. 중국의 젊은 층은 이제 거의 전 세계의 모든 젊은이와 같은 사고를 하고, 같은 목표를 향하고 있다고 생각해도 됩니다. 한국의 젊은이들처럼 말입니다. (…중략…) 한국의 경우 미국과 일본이 주류를 이루고 거기에 한국 고유의 색깔이 가미돼 있다고 볼 수 있겠습니다. 그런데 최근 한류 열풍과 함께 한국의 색깔이 배어들어가고 있습니다. 평가는 긍정적입니다. 한국의 이미지가 근면, 예의, 세련됨, 시련과 역경을 극복하는 의지 등으로 인식되고 있기 때문입니다. 특히 한국의 이미지는 중국 내 많은 난관을 극복하기 위해 절대적으로 필요한 것들이기 때문에 경제권을 중심으로 사회, 문화에 급속히 퍼지고 있다고 봅니다. 이를 바탕으로 중국은 보다 빠른 속도로 세계와의 폭을 좁혀갈 것입니다. (…중략…) 중국인은 한국을 그저 조그만 나라, 50년대 조선과 전쟁한 나라, 미국의 하수인, 일본을 복사한 나라 정도로 알고 있던—혹은 기분 나쁘지만 모르고 있었습니다. 그러나 이제는 다릅니다. 지금 중국인은 한국 하면, 잘사는 나라, 월드컵4강, 세련된 나라 등으로 알고 있습니다. (…중략…) 중국 현지인들에게 물어보면 한국 사람들은 다 잘생기고, 예쁘고, 세련되고, 잘살고, 멋있다고 부러워합니다. 한마디로 근사하다고 저렇게 되고 싶다고들 합니다. (…중략…) 중국에도 반미감정과 반일감정이 있습니다. 그 정도는 한국보다 더하면 더했지 덜하지는 않습니다. 그 반사이익을 한류 열풍을 등에 업고 한국이 누리고 있습니다. 이제 우리는 이 한류 열풍을 한 순간의 현상이 아닌 중국내의 한 문화로 정착되도록 노력해야겠습니다. 그리고 그 영향은 한 세대 안에 한국의 국익으로 나타날 것입니다.

이제 이러한 한류 현상은 한국음식, 상품, 관광 등 한국문화 전반에 대한 영향력으로 확대되고 있다. 실제로 중국의 포털사이트인 시나^{Sina, 新浪}에서는 IT한류, 한류경제, 자본한류, 핸드폰한류, 바둑한류, 자동차한류 등의 용어를 사용한다. 공간적 범위 또한 확장되고 있다. 최초의 한류 진원지였던 중국, 대만, 일본을 넘어서 베트남, 몽골, 싱가포르, 홍콩 등 동양권은 물론이고 러시아, 미

국 등에서도 한국문화의 소비가 확대되고 있으며, 최근
에는 중동, 아프리카까지 그 영향력이 미치고 있다.

그러나 한류에 대한 관심은 사실 외국인 못지않게 우리
들 자신에게 있음이 더욱 흥미롭다. 언론에서의 요란한 보
도는 말할 것도 없지만, 2009년 말 NAVER 전문정보란에
'한류'를 검색해보니, 총 2,086건의 학술자료가 확인된다.
분야별로는 경영·경제 667건, 사회과학 609건, 인문 314
건, 공학 158건, 자연과학 143건, 문화예술 95건, 정보통
신 88건, 의약학 12건이 등록되어 있는데, 역시 이러한 수
치는 누가 한류에 가장 관심을 기울이고 있는지에 대한 시
사가 되기도 한다. 우리에게 있어 한류는 경영·경제의 차원
에서 가장 관심을 끌고 있는 형국이다. 한류가 진정한 의
미의 문화적 교류가 아니라, 대중문화의 성황에 힘입은 일
시적인 현상이자, 대부분의 관심이 경제적 차원에 머물러
있다는 점은 현재의 한류에 대한 반성적 성찰을 요구한다.

그러니 한류가 그리 강력한 것은 아니라는 것, 그리 요
란 떨 필요가 없다는 것을 인식하고 객관적으로 우리 문
화의 현황을 점검하는 일도 필요할 것이다. 한국보다 15
배의 경제력을 가진 미국은, 에드워드 사이드의 표현을
빌면, 이제까지 인류 역사에서 오늘날의 미국만큼 다른
문화에 막강한 영향력을 끼친 나라는 없었다는 말을 들

을 정도로 여전히 강력하다. 한국보다 6배의 경제력을 지닌 일본은 1989년에 소니가 컬럼비아 영화사를 인수하고 1990년에는 마츠시타가 MCA의 헐리우드 스튜디오를 인수할 정도로 강력하게 세계 문화시장에 뛰어들었다. 문화의 초강국으로 자부하던 미국 내에서도 일본 문화산업의 진출로 인해 '일본화'가 진전되고 있다는 우려와 탄식이 들리기 시작했지만, 이에 비하면 한국의 문화산업은 그야말로 하나의 '흐름' 정도에 불과한 것이다. 미국을 중심으로 한 초국가적 문화 네트워크가 조금씩 분산되는 과정에 한국 문화가 주변으로 참여하고 있다는 정도가 한류에 대한 객관적인 시각의 출발이 되어야 할 것이다.

사실 한국 경제가 세계 경제의 GDP 규모에서 차지하는 비중은 1.5~1.8% 정도이다. 문화콘텐츠 분야에서는 2.4%의 비율을 차지하고 있는 것으로 집계되어 다른 분야의 산업보다 다소 앞서고 있음을 알 수 있지만, 문화산업이나 문화콘텐츠가 차지하는 비중은 상당히 과장되어 있다. 문화산업 분야의 세계시장 점유율은 게임(6.1%), 영화(2.2%), 방송(2.1%), 음악(1.7%), 애니메이션(0.2%) 등인데, 한국의 선도 산업인 메모리(43.1%), 조선(40%), 휴대폰(24%), 반도체(1.5%), 가전(7%)에 비하면 매우 작은 편이며, 상당 부분 부정확하거나 과장되어 있다.

장르별 현황

　한류는 TV드라마와 대중가요에서 가장 강력하게 나
타난다. 중국에서 김수현 극본의 TV드라마 〈사랑이 뭐
길래〉(MBC, 1991~1992)가 선풍적인 인기를 끈 이후, 일
본에서 〈겨울연가〉(KBS2, 2002)가 히트를 치고 한류 스
타 배용준이 욘사마라는 애칭을 얻었다. 당시 〈겨울연
가〉 한 편을 통해 500억 원 이상의 부가가치가 창출되었
으며, 이후 일본에서는 매년 40만 명을 상회하는 관광객
이 욘사마를 찾아 방한하는 것으로 집계되었다. 중국에
서의 한국 TV드라마 인기는 늘 상상 수준을 넘어선다.
이후에도 〈아름다운 날들〉, 〈천국의 계단〉이 연이어 성
공, 중국과 대만에서의 드라마 인기는 압도적이고 지속적
으로 진행 중인데, 더욱 고무적인 것은 〈대장금〉(MBC,

[사진 1] 한류 붐을 이끈 드라마로 꼽히는 KBS 〈겨울연가〉와 MBC 〈대장금〉

2003~2004) 이후 한국 음식과 복식, 한국문화 전반에 대한 관심이 폭발적으로 증가한 사실이다. 예를 들어 〈대장금〉은 휴머니즘과 투철한 직업의식을 가진 대장금이 악한들의 모략을 극복하고, 더욱이 왕의 마음까지 얻어 가장 윤리적이고 현대적인 여성 성공담success story의 전형이 되었다는 점에서 한류의 긍정적인 이미지 형성에 크게 작용했다. 물론 한국의 TV드라마에 위기와 한계가 없는 것은 아니다. 중국의 동북공정 이후 한국의 TV드라마가 급격히 민족주의화하여 고구려와 발해의 역사를 부각시키고 있지만 이러한 드라마는 외국에서 철저히 외면되었고, 한국 드라마에 대한 젊은이들의 반응이 대중문화의 화려한 스펙터클에만 쏠려 있는 것도 최근의 한국 드라마가 가진 위기일 것이다.

대중가요의 인기도 폭발적이다. 1999년 클론, 2000년 HOT의 베이징 공연이 잇따라 성공을 거두면서 한국대중음악과 가수에 대한 열풍이 불기 시작했다. 이어 NRG, 베이비복스, 이정현, 안재국 등이 중국에 진출했으며, 일본에서는 보아가 각종 상을 휩쓸면서 연간 600억 원의 수익을 올렸다. 참고로 중국의 대중연예지《당다이거탄當代歌壇》의 2008년 2월 외국 연예인 인기 순위에는 4, 9위를 제외한 8명의 명단이 모두 한국인이다. 동방신기, 이준기, 비, 슈퍼주니어, 원빈, 현빈, 김종훈, SS501 등이 그들인데, 이러한 현상은 해마다 되풀이되고 있다.

영화는 음악이나 TV드라마에 비해서는 그 영향력이 약한 편이다. 한국 영화는 최근 10년간 헐리우드 영화에 필적하는 자국 영화의 붐을 유지하는 놀라운 힘을 보여주었지만, 아시아 시장에서의 영향력은 여전히 미미하다. 물론 2000년 일본에서 〈쉬리〉가 흥행에 성공했고, 〈누구나 비밀은 있다〉는 한국 영화사상 최고액인 550만 달러에 일본에 수출되어 200여 개 상영관에서 동시 개봉되기도 했다. 2004년 일본에서는 〈실미도〉, 〈스캔들—조선남녀상열지사〉, 〈태극기 휘날리며〉 등이 연달아 흥행에 성공하면서 그 해 한국 영화는 총 29편이 상영되었다. 2005년도에는 일본 내 개봉된 외화 375편 중 한국 영화가 61편으로 16%의 비율을 차지, 미국 영화(153편)의 뒤를 이어 외화 개봉순위 2위를 기록하기도 했다. 그러나 2000년대 초반의 상승세는 후반부에 이르러 급격하게 쇠퇴하고 있다. 물론 영화가 한류를 선도하지 못하는 이유 중의 하나는 한국 영화 자체의 양적 질적인 쇠퇴와 직결된 것은 아니다. 한국 영화의 약세는 현재의 세계 대중문화가 영화 스크린에서 인터넷과 스마트폰 등의 시장으로 급격하게 이동하는 현상과도 관련이 있으며, 이는 한국에 국한된 것은 아닐 것이다.

게임 분야에서의 약진도 주목할 만하다. 일본에서는 2005년 기준으로 온라인 게임 198개 타이틀 중 한국산 게임은 69개로 34%의 높은 비중을 차지했다. 특히 〈라그나로크〉는 약 150만 명의 누계 유저를 돌파했다. 중국에 진출한 한국 온라인 게임은 한때 중국 온라인 게임 시장의 80%를 차지할 정도였으나, 현재에도 연평균 수출 증가율을 44%로 광고 61.4%에 이어 2위를 차지하고 있다.

한류의 성공 요인

콘텐츠 내적 요인

한류의 성공 요인을 콘텐츠 자체의 우수성에서 찾는 것은 너무도 자연스럽다. 우리는 한국의 드라마와 영화가 질 높은 시나리오, 뛰어난 영상미, 새로운 IT 기술과의 접목 등으로 인해 콘텐츠의 내적인 질을 높였다는 분석을 가할 수 있다. 물론 『삼국지』 「위지동이전」에 묘사된 대로, 한국인들은 유독 음주가무를 즐기는 민족성을 타고 났다는 식의 분석도 엉뚱하긴 하지만 재미있고 일리 있는 관점이다.

우선 한국의 배우, 가수 등의 연예인은 매우 열정적이고 창의적인 것으로 알려져 있다. 그러나 스타 시스템에 의존하는 한국의 엔터테인먼트 산업은 극소수의 스타에게 집중 투자하고 이들에게 의존하는 한계에서 자유롭지 못하다. 문화와 예술을 즐기는 다수의 저변을 확대하는 것보다는 개별 기획사가 단위가 되어 몇몇 스타에 대한 집중적인 투자와 과감한 도전정신에 의해 진행되기 때문에 그 지속성에 있어서는 아직도 많은 위험이 상존하고 있다. 중국의 한류를 이끌었던 아이돌그룹 동방신기가 기획사로부터 매우 불공정한, 극단의 표현을 사용한다면 '노예 계약'에 가까운 계약에 묶여 있고, 이러한 구조가 동방신기 멤버들 개인에게 얼마나 큰 족쇄로 다가왔는지는 이들의 소송 사건을 통해서 극명하게 드러난 바 있다. 이런 까닭에 아직도 한국 엔터테인먼트 산업은 기획사의 창조적 열정에도 불구하고, '대한민국 주식회사' 식의 집중 투자, 연예인에 대한 착취에 근거한 일시적인 현상이라고 보는 비판도 있다. 한국에서 〈사랑이 뭐길래〉, 〈겨울연가〉, 〈대장금〉 등의 질 높은 TV드라마를 만들었다고 자랑할 수는 있지만, 한국의 드라마 작가가 고작 200명 수준이며 그 중에서도 단막극 수준을 넘어서 본격적인 시리즈물을 쓸 수 있는 작가는 불과 20명 남짓이라는 사실은 한국

드라마의 허약한 저변을 보여주는 단적인 사례이며 한국
드라마의 미래를 위협하는 가장 기본적인 요소이기도 하
다. 이들 20여 명의 작가에게 더 좋은 극본을 요구할 수
는 있지만, 이들이 얼마나 지속적으로 한국의 드라마 호
황을 이끌지에 대해서는 아무도 장담할 수 없다.

궁극적으로 보면, 유례없이 높은 한국의 교육열이 이
러한 수준 높은 콘텐츠 제작을 가능하게 했다고 볼 수도
있다. 인문학, 사회과학, 자연과학과 기술은 물론 미술,
음악, 영화, 스포츠 등 다양한 분야에서 한국은 이미 상
당한 수준에 이르렀고, 이러한 교육수준이 결국 질 높은
콘텐츠 제작의 산실이 되었다고 볼 수도 있다. 또한 한국
내 수용층의 '입맛'이 까다롭고 이들의 활동이 매우 참여
적이어서, 전체적인 수준이 높은 것도 좋은 콘텐츠 제작
의 배경이 되었다고 볼 수도 있다.

고무적인 것은 중앙정부와 지방정부, 그리고 대학이 한
국의 장기적인 문화산업에 대한 큰 그림을 제공하기 시
작했다는 점이다. 문화체육관광부는 '다이내믹 코리아'
를 기치로 내걸고 '한국문화의 세계화'를 추진하고 있으
며, 산하기관인 한국콘텐츠진흥원 등에 의해 다양한 사
업들이 이루어지고 있다. 지방자치단체들도 각 지역의 특
색 있는 콘텐츠를 집중 육성하기 위한 계획을 추진 중이

다. 또한 전국의 대학들이 '문화콘텐츠' 학과를 신설하여 현재 20여 개의 학과가 한국의 문화산업 전반에 대한 교육과 연구를 진행할 수 있게 되었다.

콘텐츠 외적인 요인

현대의 문화는 중심과 주변이 따로 분리되어 있고, 중심의 높은 문화가 주변의 낮은 지역으로 흘러들어가는 식의 패턴에서 벗어나고 있다. 우선 거대 다국적 기업에 의해 전지구적 규모의 시장과 자본의 통합이 이루어져 하나의 기업을 한 국가에 귀속시키는 일이 의미 없게 되었다. 예를 들어 삼성전자는 한국의 기업이 아니라 세계의 자본이 쉴새 없이 들락거리는 자본의 흐름 위에서 존재하며, 이제 한국의 문화기획 관련 회사들도 현지의 기업들과 제휴하는 전략을 통해 한국이라는 국가적 이미지에서 벗어나고자 한다. 인터넷은 세계 전체에서 언제든 접속할 수 있는 월드와이드worldwide한 성격을 지니기 때문에 한순간에 문화적 지역성을 뛰어넘는다. 또한 아시아의 경제성장으로 인해 아시아 지역에 상당히 두터운 중산층이 탄생되어 서구 부르주아의 전유물처럼 여겨졌던 문화를 동시에 향유하기에 이르렀으며, 이들을 중심으로 한 아시아의 문화가 생성 중이다. 이외에도 이민·관광·여행

〔사진 2〕 일본 국영방송인 NHK는 저녁 9시 메인뉴스에서 소녀시대의 첫 쇼케이스 소식을 톱 뉴스로 보도했다.

에 의해 국경을 넘나드는 이동이 증가하였고, 이 와중에서 국가 단위를 넘어선, 초국가적인 문화 왕래는 더욱 복잡하고 모순적이며 예측하기 어려워져 지금까지의 중심-주변이라는 단순한 도식으로는 설명할 수 없게 되었다.

사실 한류의 성공은 글로벌 시대의 중요한 현상 중의 하나인 문화의 탈중심화 과정, 초국가적 문화권력의 탄생이라는 측면에서 바라볼 수 있다. 이제 우리는 ① 서구 문화상품이 전세계에서 호의적으로 받아들여지고 산재되어 있는지에 대한 의심을 통해 한국 문화와 아시아 문화의 독자성에 대해 발언할 수 있는 기회를 가지게 되었고 ② 끊임없이 진행되는 문화 혼종이 보여주는 글로벌-로컬의 변증법적 연결을 통해 '가장 한국적인 것이 가장 세계적'이라는 인식을 가질 수 있게 되었으며 ③ 서구 문화적 패권의 탈중심화에 대해 근본적인 문제를 제기하면서 이러한 의심들이 새로운 주변부 문화의 형성으로 이어진다고 보는 관점을 지닐 수도 있게 되었다. 이러한 관점의 연장선상에서 보면, 한류를 금융자본이 주도하는 거센 글로벌라이제이션globalization의 과정에서, 국경을 넘나드는 초국적 자본과 미디어의 이동 등으로 일어나는 복합적이고 역동적인 초문화화 현상의 일부이자 '권력 재편'의 과정으로 파악하는 조한혜정의 관점과도 만나게 된다.[2]

사실 한류는 '한국적인 것'의 부상이 아니라, '현대적인 것'의 부상에 가깝다. 한류 스타들의 움직임은 미국 헐리우드 영화나 일본 애니메이션에서 볼 수 있는 것의 재현에 가깝고, 한국의 드라마와 영화도 '한국적인 것'보다는 '대중문화적인 코드'를 재현하는데 급급하고 있다. 한국의 대중문화는 미국과 일본의 대중문화가 가지지 못한 틈새시장niche의 공략에 가까운 것이며, 아시아 각국에서 대중문화 수요의 폭발적인 증가, 예를 들어 유선방송과 인터넷 시장의 폭발적인 증가, 청소년층의 폭발적인 인구 증가 등에 비롯되는 바 크다. 최근 방송채널이 기하급수

---

2) 조한혜정, 『'한류와 아시아의 대중문화』, 연세대출판부, 2006, 39쪽.

적으로 증가하고 방송과 통신의 융합에 의해 뉴미디어들의 수가 증가한 것도 한국콘텐츠 선택의 한 이유가 된 것으로 분석된다. 동아시아 현지의 사회문화 환경에 부응하려는 현지화 노력도 미국이나 일본에 비해 한국이 훨씬 적극적이었다는 견해도 있다.

동아시아와 한류 현상

문화적인 유사성

함석헌은 우리나라가 큰 나라는 될 수 없지만 외따로는 살 수 없는 나라이며, 궁극적으로는 문화의 나라가 되어야 함을 역설한 바 있다. 우리나라는 큰 산업이 발달할 수 있는 지형은 못 되지만, 이 나라의 자연은 변화가 많아 어디서 보아도 묘한 봉우리를 볼 수 있고, 어디 가 들어도 시냇물의 음악을 들을 수 있다는 것이다. 한마디로 이 나라는 아름다움의 나라, 시의 나라, 그림의 나라, 음악의 나라가 될 운명이지 정치의 나라, 군사의 나라가 될 곳이 아니라는 것이다.[3] 이러한 인식은 함석헌의 관점인

------

3) 함석헌, 「우리 민족의 이상」, 『뜻으로 본 한국역사』 함석헌 전집 1, 한길사, 1993, 364쪽.

동시에, 한국이 동아시아 각국에 대해 문화적인 나라, 친구가 될 수 있는 나라가 될 수 있다는 가능성을 보여준다는 점에서 흥미롭다.

한류는 일단 동아시아에 국한된 현상에서 출발했다. 사실 동아시아와의 문화적 근접성이야말로 동아시아 문화 속에서 한류가 통하는 가장 일차적인 요인일 것이다. 우리는 동아시아 국가들이 미국과 유럽 등의 선진문화보다는 친숙한 한국문화를 '중간적인 대안'으로 선택했다고 보는 견해를 먼저 떠올릴 필요가 있다. 한국문화의 키워드로 떠올릴 수 있는 한과 신명, 가족 중심주의, 유교주의 등은 동아시아 각국이 지니고 있는 보편적인 특질에 근접해 있으며, 그들은 한국의 문화를 친구의 문화로 받아들이는 데 큰 저항감을 느끼지 않는다.

우리는 이 지점에서 경쟁을 넘어선 공존의 시각을 떠올려볼 필요가 있다. 제러미 리프킨은 『유러피언 드림』에서 미국의 개발 위주 정책과는 다른 유럽의 이상을 소개한다. 제러미 리프킨은 앞으로의 미래 사회는 경쟁과 약탈을 통해서 유지되는 사회가 아니라 소통과 공존을 통해서 생존할 수 있다는 교훈을 제시한다. 두 차례의 세계대전을 상처로 간직하고 있는 유럽은 더 이상 경쟁이 중요하지 않다는 점을 발견하고, 유럽석탄철강공동체를 모태로 경제통합으로서의 EC를 거쳐 현재는 정치통합의 단계에 이른 EU를 건설했다는 것이다.

이제 동아시아 각국도 유럽 통합의 정신에서 의미있는 교훈을 얻고 이를 실천할 때가 되었다. 동북아시아의 주축을 이루는 한중일은 서로 비슷하면서도 상당히 다른 문화를 가지고 있는 것으로 알려져 있다. 이제 중화 혹은 대동아공영권 같은 제국주의적 신화 대신 각국의 다름을 인정하는 바탕 위에서 공존을 모색하는 것은 문화적 다양성에 입각한 '아시안 드림'의 가능성을 실천하는 것이다.

사실 동아시아 국가 중 일본만이 유일하게 20세기 초엽부터 탈아입구脫亞入歐를 구호로 내걸고 이를 실현했다. 그러나 이제 유럽과 아시아의 경계는 그리 중요하지 않은 요소가 되어버렸다. 현재 EU의 GDP는 30.2%로, 미국의 23.6%보다 많고, 일본(8.2%)이나 중국(6.4%)에 비해 높은 것으로 나타난다. 그러나 일본과 중국을 포함한 동아시아 경제는 세계 GDP의 21%를 차지, EU에 필적하는 수준으로 진전했다고 분석되고 있으며, 중국은 2010년 현재 일본을 제치고 세계 2위의 GDP 규모를 가진 경제대국으로 성장하였다. 이들 국가들이 참여하는 동아시아 공동체가 실현된다면 이는 EU보다 더 큰 공동체가 될 것으로 예측되며, 이는 앞으로 여러 차원에서 진행되고 있는 문명사적 작업의 일환이 될 것이다. 아시아 공동체의 탄생은 이제껏 근대국가의 모델이었던 아메리칸 드림과 유러피언 드림과는 차별되는 '아시안 드림'으로 이어져야 할 것이며, 여기에 한국 문화는 자랑스러운 일원으로 참여할 것이다.

역사적 경험의 유사성

동아시아 각국은 한문으로 대표되는 중세의 보편주의는 물론 근대의 상처까지도 공유하고 있다. 근대의 출현에 대한 대응조차도 동도서기東道西器(한국), 중체서용中體西用(중국), 화혼양재和魂洋才(일본)라는 공통의 구도를 보였다. 이러한 역사적 경험의 유사성은 중국과 일본은 물론, 오랫동안 식민지 지배를 겪은 동남아시아 각국에서도 발견된다.

백원담은 한류를 '한국 민중이 근대화를 겪으면서 몸으로 부대끼며 배운 아픈 시련의 결과물'로 이해한다. 대륙과의 화이華夷관계 속에서 획득한 문화적 해독력과 변용의 능력, 그 후 식민지 경험과 미국과의 종속적 관계 속에서 가중된 사대주의, 자본주의의 파행적 발전, 냉전과 분단의 긴장, 끊임없이 강요되는 외래적인 폭력에 한

[사진 3] 전세계 600만 명의 관객이 감동한 공연 〈난타〉는 한국인의 신명을 잘 표현하고 있다.

편으로는 적응하고 내재화하면서, 다른 한편으로는 그에 대응하며 획득한 지구적 생존능력의 문화적 체현이 한류라는 지적이다. 이처럼 반주변부로서의 역동적 문화적 해석력이 한류라면, 우리는 여기에서 동아시아가 겪어온 불행한 관계성을 넘어설 새로운 동력을 찾아낼 수 있는 희망의 고리를 읽어낼 수 있다. 백원담은 이를 위해 '문화적 지역주의'를 제안한다. 그가 말하는 동아시아의 새로운 관계는, 물론 '다원평등한 공존의 세상을 만들어가고자 하는 이념적 가치지향'으로 연결되는 것이다.[4]

4) 백원담, 『한류, 동아시아의 문화선택』, 펜타그램, 2005, 11쪽.

한국이 경험한 시련과 극복의 역사는 여전히 자랑할 수 있는 콘텐츠이다. 한국이 경험한 역사적 경험의 콘텐츠의 특장으로는 첫째, 민주주의의 활력을 들 수 있다. 여러 정치적 부침에도 불구하고, 한국의 민주주의는 여러 차례의 평화적이고 민주적인 정권 교체를 통해 단기간에 높은 수준으로 성장했으며, 이는 인접한 국가들은 물론, 세계적으로도 유례를 찾기 힘들 정도로 다이내믹하다. 다혈질, 조급함, 빨리빨리 등의 부정적인 속성만 부각시킬 일이 아니다. 현재 우리나라의 한류를 이끌고 있는 세대가 민주주의를 교육받고 민주주의를 위해 싸운 386 이후 세대라는 점도 이와 관련된다. 둘째는 공동체 의식이다. 개인주의적 경향이 증가하고 있는 것도 사실이지만, 한국인은 여전히 혈연, 학연, 지연 등의 끈으로 묶인, 최근에는 인터넷 커뮤니티를 통해서도 단합을 과시하는 민족이다. '붉은 악마'와 같은 억척, '촛불시위'의 위력은 다른 나라에서는 상상하기 힘든 한국의 저력이다. 셋째는 효, 예절, 교육열, 강인함, 친절, 예술적 천성 등의 덕성이다. 한국의 태권도는 이제껏 가장 많이 팔린 콘텐츠라는 게 내 생각이다. 외국에서 한국의 효와 교육열을 배우려는 열기가 높다는 점도 간과할 수 없다. 한국을 대표하는 기업인 삼성과 LG의 성공이 인재 중심, 예술 중심의 감성경영을 표방하고 있는 점도 흥미롭다.

한류의 지향점

　문화는 자연 혹은 야만에 대한 대립어로 존재한다. 최초의 문화는 인간이 맹수와 독충으로 가득 찬 자연의 영역에 불을 질러 자연의 영역을 물리치고, 불로 정화된 곳에 곡식을 경작하고 촌락을 형성하는 것으로부터 시작되었을 것이다. 이러한 관점에서 보면, 올림픽 광장에 타오르는 성스러운 불은, 적어도 이 성화가 비추는 곳에서는 살인과 약탈이라는 야만에서 벗어나 스포츠라는 문화적 규율 밑에서 행동할 것을 다짐하는 문화적 상징으로서의 의미를 가진다. 그러나 이러한 문화의 평화적 인식은 어느 순간 왜곡된다. 즉. 높은 수준의 문화가 있다면 이들은 낮은 수준의 문화를 지배할 수 있다는 제국주의적 시각으로 전환된 것이다. 유럽이 아시아를 추월한 근대의 어느 시기 동안 이러한 제국주의적 시각은 정당한 것처럼 보였다. 그러나 이제 문화는 상대적이며, 지극히 개인적인 선택일 수도 있다는 시각이 떠올랐다. 이러한 문화에 대한 역사적 인식의 변화 과정을 간략하게 정리하면 ① 토지·곡식·가축의 경작, ② 정신·예술·문명의 배양, ③ 사회발전의 일반적 과정 그리고 보편적 과정으로서의 문화, ④ 특수한 민족·집단·계급·시간 속에서 공유되고 있는 의미·가치·생활방식, ⑤ 의미를 생산하는 실천과 의미화하는 실천으로 요약될 수 있을 것이다.

이제 문화는 위에서 아래로 흐르는 것이 아니고, 개인적이며 특수한 어떤 형태가 되었다. 한류는 이제 한국문화가 아시아 각국에 전해지는 것이 아니라, 아시아의 각국 문화를 우리가 수용하고 우리의 것을 전파하기도 하는 쌍방향의 것이 되어야 한다. 문화에서의 우월감은 열등감과 짝패이며, 제국주의적인 폭력으로 비화될 수 있다. 한류를 자랑할 게 아니라 외국의 문화를 우리가 받아들이는, 진정한 의미의 역한류가 더욱 절실한 시점이다. 2008년 베이징 올림픽에서 중국인들은 한국 선수들에게 격렬한 야유를 던졌다. 그 무렵 한국의 신문은 개막식에서 축가를 부른 중국 소녀가 '짝퉁'이었다는 점을 부각시키고 있었다. 자업자득에 해당하는 이런 사례로부터 우리는 미래를 배워야 한다. 에드워드 사이드가 『문화와 제국주의』에서 지식인과 고향의 관계에 대해 설명하는 대목은 주의깊게 경청할만하다.

자신의 고향을 아름답다고 생각하는 사람은 아직 미숙한
초보자이다. 모든 땅을 자신의 고향으로 생각하는 사람은
이미 강한 자이다. 그러나 전 세계를 타향으로 볼 수 있는 사
람은 완벽한 자이다. 미숙한 영혼의 소유자는 그 자신의 사
랑을 세계 속 특정한 하나의 장소에 고정시킨다. 강인한 자
는 그의 사랑을 모든 장소에 미치고자 한다. 그러나 완벽한
자는 그 자신의 장소를 없애버린다.[5]

12세기의 교양가 휴그가 남긴 위의 말은 자신의 문화
적 고향에 대한 사랑이 세계의 보편성에 대한 관용성과
초월성을 잃게 될 위험성, 다시 말해 편협한 지방주의에
대한 경고를 담고 있다. 휴그의 말을 우리에게 적용해보
자. 한국인은 이미 '강인한 자'가 되었다. 그러나 이제 '완
벽한 자'가 되어야 한다. 한류를 잊을 때, 우리는 강인한
자가 되는 것이다. 에드워드 사이드의 인용문을 '한류'에
적용해보면, 다음과 같은 시각을 얻을 수 있다.

한국문화의 우월성을 주장하는 사람은 아직 미숙한 초보
자이다. 모든 문화를 우리의 문화로 받아들이는 사람은 이

---

5) 에드워드 사이드, 『문화와 제국주의』, 박홍규 옮김, 문예출판사, 2005, 627쪽.

미 강한 자이다. 그러나 전 세계를 인류가 만든 큰 문화의 틀
에서 볼 수 있는 사람은 완벽한 자이다. 미숙한 영혼의 소유
자는 그 자신의 사랑을 세계 속 특정한 하나의 장소에 고정
시킨다. 강인한 자는 그의 사랑을 모든 장소에 미치고자 한
다. 그러나 완벽한 자는 그 자신의 장소를 없애버린다.

어떤 나라나 지역의 문화 산업이 미국 혹은 한류의 영
향권 안에 있다고 해도, 이것이 곧 외국문화에 의한 지
배라고 생각하는 것은 큰 착각이다. 실제로 많은 해외시
장에서 가장 인기가 있는 것은 여전히 그 지역에서 제작
한 미디어 상품이며, 시청자들은 지배문화의 이데올로기
에 '세뇌'되는 게 아니라, 자신이 서 있는 자리에서 그것
을 다양하고 창조적으로 해석하고 '저항'한다. 우리는 동
아시아 각국에 일고 있는 한류 현상을 '높은 문화에서
낮은 문화로 향하는 일방적인 전파'라는 식으로 해석해
서는 안 된다. 또한 그들이 한국 문화에 동화되고 있다고
보는 것도 큰 착각이다. 이제 우리는 '아시아의 친구'로
서 그들과 한류를 공유하려는 의식을 가져야 한다. 문화
를 수출하려면 그 나라의 문화도 같은 비중으로 수입해
야 한다는 식의 발상의 전환도 필요하다. 이러한 의식이
문화에 관한 공정하고 상호혜택적인 입장이다. 태국의 영

화, 베트남의 쌀국수, 중국의 김치를 소비하는 데에 우리
는 좀더 열린 마음을 가져야 하는 것이다.

　누가 한류를 말하는가에 대해 다시 한 번 고민해볼 여
지가 있다. 로스토우는 경제발전의 5단계를 전통시대 →
과도기 → 도약 → 성숙 → 고도 대량소비 단계로 설정
하면서, 도약 단계에서는 제국주의적 침략에 대한 '굴욕'
을 벗어나기 위한 민족주의적 결집이 중요함을 강조한다.
그리고 이러한 민족주의적 결집이 때로는 제국주의에 대
한 강한 적개심과 병존할 수 있음을 분석하고 있다. 로스
토우는 또한 성숙 이후의 단계에 이르러서야 비로소 경
제적 문화적 차이에 대한 공통점과 이질성을 이해하는
단계로 돌입한다고 보았다. 우리의 경험에서 이를 확인
할 수 있다. 한류는 도약에서 성숙, 고도 소비단계로 가
는 과정에서 자연스럽고 필연적인 현상이며, 그 이상도
그 이하도 아닐 수 있다. 헐리웃으로 대표되는 미국의 엔
터테인먼트 산업, 영국의 해리포터와 비틀즈, 일본의 미
야자키 하야오, 이탈리아의 엔니오 모리꼬네에 필적하는
한류가 있는가. 자랑도 비하도 아닌, 이 시점을 보는 게
중요하다. 한국의 대중문화가 아시아보다 앞섰다고 자랑
하는 것은, 로스토우의 도식을 빌면, 막 '도약' 단계에 놓
인, 아직도 제국에 대한 열등감과 증오심을 극복하지 못

한 단계의 미숙한 정신일 뿐이다.

인천은 황해의 중심이다. 황해는 장보고가 청해진을 기점으로 무역의 무대를 삼았던 곳이고, 처녀를 제물로 삼아 안전을 기원하기도 했다는 『심청전』 속의 인당수(백령도)가 있던 곳이며, 당진이며 벽란도를 통해 중국과 소통하던 장소이다. 현재 인천국제공항은 3시간 반의 비행 거리 내에 100만 이상의 대도시 61개가 포진되어 있으며 그곳에 20억의 인구가 살고 있는 명실상부한 동아시아의 허브hub이며, 동아시아 경제의 중심으로 부상할 수 있는 가능성을 가지고 있다. 한 나라의 도약기에 이들은 늘 바다로 가는 뱃길을 연결하기 위해 갯벌을 이용했다. 동서양 교류의 중심에서 베네치아는 몇 만 개의 말뚝을 박아가며 바다로 진출했고, 17세기의 네덜란드, 19세기의 뉴욕 맨해튼이 바다를 택했다. 싱가포르, 홍콩, 마카오, 상하이, 푸동이 그러하듯, 인천은 바다로 열려 있다. 문화의 중심에서 우리가 해야 할 일이 무엇인가에 대해 생각해 볼 때이다.

• 존 K. 패어뱅크·에드윈 O. 라이샤워·앨버트 M. 크레이그, 『동양문화사』
  상·하권, 김한규 외 옮김, 을유문화사, 1992 •

미국 하버드 대학의 교수진이 집필한 동양 3국의 문화에 대한 대작이다. 전체
분량은 절반이 중국, 그 나머지의 절반이 일본, 그 나머지의 절반이 한국이며,
이러한 배열은 베트남, 대만 순으로 이어진다. 범칭하여 동양이라 칭했지만, 중
국-일본-한국 등 동북아시아 중심의 문화사이다. 우리는 이 책에서 동북아시

아에 대한 새로운 시각을 얻게 된다. 대개 자국의 학자들은 자국의 시각에 갇혀 넓은 틀에서 국제적인 시각을 갖추기 힘들다. 물론 이 책에도 미국 학자들의 시각이 개입되어 있으며, 이는 여러 면에서 비판의 여지를 가지고 있다. 그러나 비교적 공정한 시각에서 세 나라를 보고 있으며, 이 책을 통해서 동아시아의 일부인 한국에 대한 새로운 시각을 얻을 수 있다는 큰 장점이 있다.

• 이와부치 고이치·히라타 유키에, 『아시아를 잇는 대중문화』, 전오경 옮김, 또하나의문화, 2004 •

1990년대 일본에 나타난 대중문화를 통해 아시아와의 새로운 연대 방법을 고찰한 이 책은 일찍이 19세기부터 탈아입구(脫亞入歐: 아시아를 벗어나 유럽으로 들어간다)를 외쳤던 일본이 전지구화의 흐름 속에서 다시 아시아로 회귀하는 현재를 의미 있는 것으로 평가하고 있다. 문화의 전파와 수용을 국민국가의 틀에서 이해하고 이를 국가의 힘, 혹은 국가의 이익과 연결하고자 하는 시각을 벗어나 아시아적 공존을 문제 삼고 있다는 점에서 한국문화의 동아시아 전파 기회를 맞고 있는 우리나라에 중요한 시사점을 던져주고 있다.

• W. W. 로스토우, 『경제성장의 제단계』 현대경영대백과 3, 서음미디어, 2009 •

미국 MIT의 경제학 교수이자 노벨경제학 수상자인 로스토우는 경제성장의 제단계를 전통시대 → 과도기 → 도약 → 성숙 → 고도 대량소비 단계로 나눈다. 이 책에서 가장 흥미로운 부분은 과도기와 도약 부분에 대한 설명이다. 과도기를 통해 경제성장의 발판을 마련한 국가는 도약 단계에 접어드는데, 이 시기에는 강한 민족주의적 에너지가 필요하다는 점을 강조한다. 참고로 1970년대에 한국을 방문했던 로스토우 교수는 한국이 도약 단계에 접어들었다는 사실을 말한 적이 있으며, 이러한 진단은 당시의 한국인에게는 매우 희망적인 진단으로 받아들여졌다. 필자는 초중등학교 시절 로스토우가 한국 경제성장을 도약이라고 '칭찬'했다는 점을 여러 번 들은 적이 있다. 중요한 점은 이 시기의 민족주의적 에너지에는 타국에 대한 강한 적개심과 경쟁심까지 포함하고 있다는 점이다. 육중한 동체를 가진 비행기가 지상으로부터 도약(take-off)하기 위해서는 매우 큰 힘의 결집이 필요할 것이다. 우리도 한번 잘 살아보자 식의 민족주의적 에너지는 제국주의에 대한 증오는 물론, 타국에 대한 무차별적 증오와 경쟁심으로 이어질 위험성도 가진다. 한국은 이미 도약 단계를 넘어선 지 오래다. 우리에게 이제 필요한 것은 경쟁과 승리를 넘어선 성숙과 아량의 자세인데, 로스토우의 이 책은 1950년대의 책이지만, 우리의 민족주의 의식을 점검해보려는 관점에서 다시 읽을 필요가 있다.

• 에드워드 사이드, 『문화와 제국주의』, 박홍규 옮김, 문예출판사, 2005 •

에드워드 사이드는 팔레스타인 출신의 학자로서, 종래의 제국주의, 식민주의, 오리엔탈리즘의 입장이 아니라 자유와 평등의 입장에서 세계의 모든 문화와 민족이 대화하여 공존하고 상생하기를 모색한다. 이 책이 나온 이후에도 9·11 테러와 아프가니스탄, 이라크전쟁 등에서 민족주의와 종교는 첨예한 분쟁의 씨앗이 되고 있다. 우리는 오랫동안 제국주의의 폭력에 시달려 왔으면서도, 정작 우리가 그들을 닮아가고 있는 게 아닌가 하는 문제의식을 가지고 읽어볼 가치가 있는 책이다.

• MBC컬처리포트, 『2010트렌드웨이브』, 북하우스, 2009 •

2007년도부터 MBC편성기획부에서 발간하고 있는 리포트로, 현재 대한민국 뿐만 아니라 지구촌 곳곳의 대중문화의 트렌드를 분석하는 본격적인 대중문화 리포트이다. 다루는 분야는 매우 다양하지만, 한국인의 삶에 영향을 미치는 여러 가지 기술적 진보에서부터 인간과 사회의 근본적인 변화 양상까지 추론해볼 수 있는 흥미로운 보고서이다. 굳이 이 책을 소개하는 이유는 이 리포트가 한국문화의 현재인 동시에 아시아문화의 미래까지 추론할 수 있는 시각을 제공하기 때문이다.

동아시아 담론,
동아시아라는 사유공간

– 창비 그룹의 논의를 중심으로

류준필

서울대에서 국문학 박사학위를 취득했다. 지은 책으로 『근대계몽기 지식 개념의 수용과 그 변용』(공저), 『근대어·근대매체·근대문학: 근대 매체와 근대 언어질서의 상관성』(공저), 『흔들리는 언어들: 언어의 근대와 국민국가』(공저), 『1919년 3월 1일에 묻다』(공저), 『동아시아, 인식지평과 실천공간』(공저) 등이 있고, 옮긴 책으로 『아시아라는 사유공간』(공역) 등이 있다. 현재 인하대학교 한국학연구소 HK교수.

한반도 분단의 극복을 핵심 의제로 하는 동아시아 담론
은 한반도 문제를 세계체제의 결절점으로 파악하고, 세
계체제의 하위체제로서 작동하는 '한반도 분단체제' 이
론과 불가분의 관련 속에서 등장하였다. 분단체제론은
창비의 핵심 이론가인 백낙청에 의해 제시되었는데, 분
단체제론의 긍정적 수용을 전제로 최원식과 백영서 등이
동아시아 담론을 주도적으로 전개하고 있다.

동아시아 담론, 동아시아라는 사유공간*
– 창비 그룹의 논의를 중심으로

1

한국의 동아시아 담론은 탈냉전의 시대에 대한 대응으로 제기되었다. 베를린 장벽의 붕괴, 소련의 해체 등으로 인해 동아시아에 커다란 변화의 물결이 덮쳐 오기 시작했기 때문이다. 베트남에서 소련 해군이 철수하고, 필리핀에서 미국 해군기지가 물러났다. 오랜 세월에 걸친 중소 분쟁이 종식되었고, 중국과 베트남·몽골 사이의 대립도 완화되었다. 한국이 러시아·중국과 수교했고, 양안兩岸 관계에 대한 논란도 본격화되었다. 이 모든 변화가 탈냉전脫

<hr>

* 이 글은 柳浚弼, 「韓國 知識界 東亞論述 現況 試探」, 『臺灣社會研究季刊』 72호, 2008; 류준필, 「복안의 동아시아론」, 『황해문화』 63호, 2009의 내용을 이 책의 취지에 맞게 수정한 것이다.

冷戰의 상황이었다. 이러한 거대한 변화의 격랑 속에서, 한국의 민족·민주운동 세력 가운데에서 협소한 민족주의를 넘어서 동아시아의 연대를 통해 새로운 미래를 모색해야 한다는 주장이 제기되었다.

문학평론가 최원식이 주도한 초기의 동아시아 담론은 냉전시기 한국의 민족문학론과 제3세계문학론을 계승한 결과이기는 하지만, 동아시아 담론의 핵심적 대당對當은 미국이었다. 동아시아 지역의 냉전구조 해체가 동아시아 지역의 여러 국가와 민중들에게 새로운 역사적 기회를 제공하는 것은 분명하지만, 동시에 사회주의적 세력의 약화는 동아시아에 대한 미국의 지배력이 일방적으로 강화되는 과정을 동반할 것이기 때문이다. 미국의 지배력 강화란 미국·일본·남한의 긴밀한 연계—이른바 '한·미·일 삼각동맹' 속에서, 북한에 대한 압박과 봉쇄를 진행하여 궁극적으로 자본주의 시스템으로 북한 체제를 흡수하는 결과를 낳게 될 것이다. 이렇게 되면, 냉전시대와 유사하게 반反자주적·반反민주적 억압 구조를 재생산하는 데에 기여하게 될 것이다. 그러므로 남북한의 분단 문제는 한반도뿐만 아니라 동아시아 지역의 안정과 평화를 유지하기 위한 핵심적 사안이 될 수밖에 없고, 미국의 일방주의를 견제하기 위해서도 동아시아의 연대와 협력이 절실하다는 것이다.

이러한 입장에서 보자면 한반도는 동아시아 내부모순의 결절지대이자 세계 제국주의 체제적 모순의 결절지대이다. 타이완臺灣 등 한국 바깥에서 이런 논의를 듣는다면 한반도적 상황을 특권화하려는 노력처럼 이해되기 쉽겠지만, 여기엔 한국사회 내부에서 진행되어온 민족·민주변혁운동의 전통이 작용하고 있다. 창비(『창작과비평』) 그룹이 차지하는 비중 또한 적지 않은데, 통일운동으로 상징되는 자주적인 민족운동이 탈냉전시대를 거치면서 스스로를 갱신한 이론적 성과가 이러한 동아시아 담론이었다. 그렇지만 표제어로 동아시아를 내세운다고 하더라도 그 이면에는 여전히 한반도 분단의 극복 혹은 통일운동의 경험이 작용하고 있다. 한반도 분단의 극복을 핵심 의제로 하는 동아시아 담론은 한반도 문제를 세계체제의 결절점으로 파악하고, 세계체제의 하위체제로서 작동하는 '한반도 분단체제' 이론과 불가분의 관련 속에서 등장하였다. 분단체제론은 창비의 핵심 이론가인 백낙청에 의해 제시되었는데, 분단체제론의 긍정적 수용을 전제로 최원식과 백영서 등이 동아시아 담론을 주도적으로 전개하고 있다.

2

　백낙청의 분단체제론은 냉전 시기 한국사회의 변혁운동이 제기한 과제와 노선을 비판적으로 계승하려는 탈냉전 시기의 이론적 의지로 볼 수 있다. '자주·민주·통일'로 상징되는 변혁의 과제를 놓고, '선민주후통일先民主後統一(민중민주People's Democracy)'과 '선통일후민주先統一後民主(민족해방National Liberation)가 대립한 경험을 비판하는 한편, 그 생산적 의의를 통합하는 방향에서 제안된 이론이 분단체제론이다. 통일지상주의도 견제하면서, 분단체제의 질곡을 홀시하는 사회변혁론도 비판하는 것이 분단체제론의 입지로 이해된다. 맹목적인 통일운동도 아니고 그렇다고 통일이라는 목적을 부정하는 것도 아닌 위치이기도 하다. 그러므로 목적론적 귀결처를 제시하지 않고 그 통일국가로의 과정적 상태인 '복합국가'를 제안한다. 복합국가 혹은 국가연합이란 양쪽 체제를 상호 인정하고 유지하면서도, 합의된 범위에서는 상호개입을 용인하는 상태를 뜻한다.

　백낙청과 창비 그룹의 분단체제론에는 묘한 이론적 태도가 포함되어 있다. 분단체제는 세계체제가 한반도에 실현되는 형태라고 인식한다. 이에 따라 남한(대한민국)의 내적 상황은 늘 남한의 능력과 범위를 초과하는 외적 조건(한반도적 조건)에 의해 규정된다. 그러므로, 남한의 현실은 한반도 분단체제적 차원에서 해명되어야 할 측면과 남한에만 해당하는 측면으로 구분해서 볼 수 있어야 한다. 달리 말해, 남한 스스로가 독자적으로 해결할 수 있는 문제가 있는 반면, 세계체제를 전제로 하고 남북한이 공동의 인식과 실천을 바탕으로 해야만 해결할 수 있는 문제가 있다는 뜻이다.

분단체제론에 대한 주변의 불만도 여기에서 연유한 측면이 많다. 무엇보다 그러한 이중성을 명확하게 구분하기 힘들 뿐만 아니라, 설령 이중적 규정을 인정한다고 하더라도, 실제로는 남북 관계 즉 분단현실을 우선적으로 고려하는 데 그칠 뿐이라는 것이다. 분단체제론이 공식적으로 제기된 90년대 전반 이후 한국사회의 좌파적 담론들은 대부분 분단체제론에 대해 냉소적이다. 얼마나 이론적으로 포장하였든 간에, 한반도 민족주의의 자기 변신에 지나지 않는다고 보기 때문이다. 특히 소장 지식인들은 반北북한 정서가 더욱 강한 편이고, 좌파 담론은 북한의 이데올로기와 정치 체제에 대해 매우 비판적이다. '봉건적 세습 왕조'라고 빈정대곤 한다. 물론 그 이면에는 민족주의 이데올로기에 대한 좌파적 거부감이 작용하고 있다.

　2007년 대통령 선거를 전후하여 백낙청은 민주세력의 정치적 이념으로 '변혁적 중도주의'를 제안한 바 있다. 아주 단순하게 말하자면, 중도주의란 어떤 이념적 편향에 빠지지 않는 중도의 유지를 뜻한다. 한국사회의 변혁적 동력을 끌어내려면 중도적 노선을 기준으로 통합을 이루어야 한다는 입장으로 이해된다. 그 앞에 붙는 '변혁적'이란 "분단체제 극복을 추구한다"는 의미를 드러내기 위해 선택된 말이다. 백낙청은 분단체제에 대한 인식이 부족한 지식인들의 문제를 두고 '후천성 분단인식 결핍증'이라 부르기도 하는데, 북한 체제를 이념적으로 부정하는 강경 보수파, 통일 지상주의라 할 수 있는 강경 자주파, 자본주의 비판과 탈근대론으로 대표되는 강경 평등파(반북한의 정서가 강함), 시민민주주의bourgeois Democracy라 부를 만한 온건 개혁파(분단체제 인식의 정도가 약함) 등등 모두에 대해 비판적인 태도를 보인다.

　분단체제론이 그렇듯이 변혁적 중도주의 또한 한국사회의 민주변혁운동을 구성한 이념과 세력을 백낙청의 입장에서 비판적으로 통합하려는 노력으로 이해할 수 있다. 변혁운동의 주류를 민족해방(NL), 민중민주(PD), 시민민주(BD)로 나눈다고 할 때, 변혁적 중도주의란 이들 삼자의 통합을 지향하는 경로라 할 수 있다. 그런 점에서 백낙청의 중도주의란 민족해방, 민중민주, 시민민주 등과 같은 차원에 위치하는 제4의 정치노선이라기보다는, 그 삼자 통합을 가능하게 하는 더 기본적인 원칙에 가깝다. 달리 말해, 한국사회에 잠재된 변혁의 동력을 최대한 이끌어내기 위한 전략적 원칙으로 이해할 수 있을 듯하다.

백낙청의 중도주의론을 통해 다시 확인할 수 있듯이, 백낙청의 이론적 논의들은 대개 명확한 실체적 규정을 벗어난다. 변혁적 중도주의도 엄밀히 말하자면, NL, PD, BD 등 실체적인 운동의 이념과 세력이 형성될 수 있도록 만든 한국사회의 역사적 토양과 조건을 지칭하는 것처럼 보인다. 그러한 사회역사적 조건 혹은 저변은 단순히 객관적인 상황과 배경으로만 존재한다기보다는, NL, PD, BD 등을 배태시키는 한편 그 셋의 작용을 제약하기도 하는 어떤 원리성을 품고 있는 것처럼 느껴진다. 그 원리의 현재적 표현이 변혁적 중도주의이고, 또한 동시에 그러한 역사적 원리를 통찰하여 현재 사회에 구현하고자 하는 실천이 변혁적 중도주의이기도 하다.

분단체제론의 묘한 특징 가운데 하나가, 남한 사회의 역사와 현실을 규정짓는 조건은 남한사회적 한계를 벗어난 분단체제로 규정하는 데 있다고 앞서 언급하였다. 한국사회의 근대성 논의와 관련한 백낙청의 정식화는 '근

대에의 적응과 근대의 극복'이라는 것인데, 근대화를 일
방적으로 긍정하는 근대주의에 반대하고 근대에의 적응
을 통해 성취되어야 할 성과를 소홀히 하는 탈근대론에
도 반대하는 입장의 산물이다. 이 거대한 담론의 유효성
을 따지는 일보다는 '적응과 극복'이 분단체제론에서처럼
실체론적 규정으로 흐르지 않는 이론적 구조임에 우선
적으로 주목할 필요가 있다고 본다. 적응과 극복의 이중
과제는 분단체제의 이중 구조와도 겹치는데, 그러한 이중
성의 효과는 어떠한 명시적 실체화로 귀결되지 않는다는
데서 드러난다.

　마르크스-레닌주의적 이론이 강하게 대두하였던 1980
년대부터 백낙청은 과학적 진리관과 대비되는 문학예술
적 진리관의 정립을 모색하면서 궁극적으로 후자는 '과
학적 진리'로 환원되지 않는 성질이라고 주장하였다. 아
울러 동구 사회주의권의 붕괴가 본격화된 1990년에 '과
학적 사회주의'의 지식관과 진리관에 비판적인 입장에 서
서 '지혜의 시대'를 천명하기도 하였다. 여기서 '지혜'란 근
대과학적 지식이 대표하는 근대적 지식의 성격과 한계를
드러내기 위해 선택된 용어인데, 단순히 과학의 부정을
뜻하는 것은 아니다. 지혜의 시대란 과학(적 지식)을 외면
하고서는 지혜를 획득할 수 없는 시대라는 점에서 결코

과학을 단순히 부정한다는 뜻이 아니다. 그런 점에서 지혜란 과학적 지식이 인간의 삶에 유용하게 기여할 수 있도록 조절하고 제약하는 능력이면서, 또 과학적 지식을 생성하는 역사적·문화적 기반으로 이해된다.

이렇게 보자면, 분단체제론이든, 지혜론이든, 근대적응과 근대극복의 이중과제론이든지 (변혁적)중도주의든지 간에, 이 모두를 관통하고 있는 사유 방식이 존재하고 있음을 짐작하게 된다. 일단 그것은 가시적 형태를 이루거나 실체적 규정이 초래하는 고착화의 위험을 거부하려는 태도로 보인다. 한국의 사회 현실 속에서 구체적인 운동이나 세력으로 등장한 다양한 방향성들이, 가시적인 명확성을 얻는 대신에 상실하게 되는 복합적 안목을 늘 일깨우려고 하는 듯하다. 그러므로 백낙청이 제안하는 이론적 논의들은 늘 가변적이고 유동적인 특성을 지닌다. 남북한의 복합국가론도 과정적 개념으로만 제시되고, 동아시아의 지역 공동체 구상에 대해서도 국가간 정식 조약보다는 자발적인 상호 협력에 기반한 '신사협정'을 선호한다. 가시적 형태화를 인정하면서도, 그러한 형태화를 가능하게 한 사회적 역사적 조건들을 통해 형태화된 표현과 결과물이, 늘 자기 갱신과 자기 조절의 가능성을 내포해야 한다는 입장으로 이해된다.

이것은 추상화된 이론적 법칙에 근거한 연역론이나 환원주의와 거듭 싸워온 결과일 것이다. 그럼에도 불구하고 백낙청이 어떤 추상화 가능한 원리를 완전히 부정하는 것도 아닌 듯하다는 게 나의 판단이다. 남한과 분단체제, 과학과 지혜, 운동노선과 중도주의 등의 조합에서 짐작할 수 있듯이, 백낙청은, 실체적 대상은 늘 그 대상을 포함하면서도 그 대상을 초과하는 사회역사적 조건으로부터 분리해서는 안 된다는 입장을 견지한다. 이 때 그 대상과 그 대상을 산출한 조건 사이에는 특정한 함수 관계가 존재한다. 그것은 관계로만 표상될 수 있을 뿐 실체적 함의를 가진 것으로 규정하기는 힘들다. 앞서 사용한 용어를 통해 다시 말하자면, 거기엔 특정한 원리(성)가 내재하고 있다. 그 원리는 사회역사적 조건과 변수들의 차이로 인해 늘 유동하고 변화한다. 이러한 원리를 체득하는 능력이 지혜이고 통찰일 것이다. 한국사회에 내재하는 원리를 체득할 수 있는 지혜를 한국사회가 지닌다면, 그 원리는 또 다시 풍부해질 수 있다는 점에서 다시금 가변적이 된다.

백낙청은 이러한 지혜와 통찰이 한국사회의 정치적·문화적 저변으로 작동할 수 있는 시대의 도래를 희망하는 것으로 보인다. 그러한 지혜와 통찰이 갱신되고 풍성해지는 사회를 '일류사회'로 부르고 있다. 결국 백낙청의 분단체제론은 이러한 일류사회 실현을 제약하고 억압하는 1차적인 원인이 분단(체제) 현실에 있으므로, 이 분단체제의 극복을 가장 중요한 과제로 제시한다고 하겠다. 그렇지만 동시에 이 분단체제의 극복을 가능하게 하는 지혜 또한 연역적으로 주어질 수는 없을 터인데, 그럼 그것은 어떻게 획득될 수 있는 것인지 생각해 볼 필요가 있다. 지혜란 곧 그 원리를 체득한 인간의 능력과 실천일 것이므로, 그 원리(성)의 체득 가능성을 인정한다면, 그것은 한국사회의 역사를 통해 축적해 온 경험을 자기화하는 훈련을 통해서만 가능할 것이다.

3

　지난 40년 간 줄곧 한국 지식계를 대표하는 존재였던 백낙청 개인의 문제의식이 분단이라는 한국적 현실과 만나 그러한 사유가 형성되었는지, 아니면 분단(체제) 현실이 백낙청 개인에게 작용한 결과가 그러한 사유인지 선후를 밝히기는 어려워 보인다. 다만, 한국사회의 역사적 경험을 통해 형성되었고 또 스스로 변용되어 온 원리(성)가 존재한다고 할 때, 그 원리가 분단(체제)의 시간대 속에서만 포착되는 것인지 여부에 대해서는 물어볼 필요가 있다. 다시 말해, 한반도의 현실을 규정하는 한국적 원리가 검출될 수 있다면 그 원리가 분단 이전의 역사적 과정을 통해서도 확인 가능한가 하는 문제이다. 식민지시대뿐만 아니라 19세기 이전까지도 같은 시야 속에서 포착될 수 있는가.

이런 질문은 추상적이고 사변적인 수준을 벗어나지 못하는 것일 수도 있다. 그렇지만 분단체제론과 동아시아론의 관계를 재검토하기 위해서는 피해가기 어려운 질문이라는 것이 나의 입장이다. 분단체제론을 창출한 백낙청의 기본인식에 동의한다고 하더라도, 한반도적 특성을 규정해온 역사적 조건이 한반도 외부와의 관계 속에서 형성된 것이라는 시각도 가능하기 때문이다. 논의의 편의를 위해 미리 말한다면, 한반도를 중심으로 생활을 영위해 온 정치체는 스스로의 의지와 통제 범위를 초과하는 외부와의 관계 속에서 자신의 내적 원리를 역사화해 온 것으로 볼 수 있다는 뜻이다. 즉, 자신을 포함한 거대한 질서 속에서 독립 변수가 아니라 종속 변수인 존재가 자신의 독자성을 상실하지 않고 유지할 수 있다면 그것은 어떻게 가능한가 하는 물음이기도 하다.

동아시아로 범위를 한정해서 보더라도 중화제국이었던

중국, 식민지를 거느렸던 제국-일본 등이 스스로를 규정하거나 표상하는 질서(원리)가 한국과는 층위가 달랐다. 이러한 역사적 경험은 오늘날에도 여전히 작동하는 측면이 강하다. 근대 국민국가적 외피를 쓰고 있다고 하더라도 그 실질적 함의는 전혀 다르다고 보아야 한다. 무엇보다 그 규모와 힘에 있어서 (동)아시아의 중심에 자리하는 중국의 존재로 인해 그렇다. 특히 중국과의 관계 속에서 한국의 역사적 경험은 주로 자신을 포함하는 더 큰 질서의 한 부분으로 스스로의 위상을 설정하는 것이었다. 지정학적으로 한국이 소속된 동아시아의 역사란 이러한 위계화된 질서가 복합적으로 구성된 체제였다. 한반도의 정치체가 직접적으로 파악하고 통제하기 어려운 복잡한 구조 속에서 그 구조의 일부로 존재하는 방식이라고 가정하면, 분단체제론의 함의 또한 달리 해석될 여지가 충분하다.

단적으로 분단체제론의 복합국가론은 비교적 대등한 남북한의 연합 가능성을 전제로 하고 있는데, 복합국가의 실현이나 통일국가의 등장을 가정해 보더라도 여전히 동아시아 내적 질서의 비대칭성은 잔존한다. 그것은 단순히 세계체제와 분단체제의 동시적 변혁이라는 구도만으로는 포착되기 어렵다. 남북한의 통일의 과정이 지혜롭고 창의적이어야 한다면, 남북한이 동아시아 지역 속에서 그런 가능성을 실현해야 한다는 이유에서 그만큼 더 창의적인 지혜가 필요하다. 동아시아가 유럽연합과 유사한 지역공동체를 이룰 가능성도 희박한데, 무엇보다 지역 내 정치체政治體의 외형적 규모가 판이하기 때문이다. 그런 점에서 남북한 복합국가든 통일국가든, 그 기획에는 반드시 동아시아적 지역 질서의 특수성이 포함되어야 한다. 달리 말해, 통일의 과정이 창의적이기 위해서는 서로 규모와 위계를 달리 하는 질서가 중첩되어 있는 동아시아 속에서 그 국가의 위상을 어떻게 설정할 것인가 하는 질문이 포함되어야 한다는 것이다.

이 질문은 무엇보다 국민국가적 시각에 따른 '자주-종속' 패러다임에 대한 재검토를 요청한다. 분단체제론과 남북 복합국가(통일국가)론에 내재된 근대 적응과 근대 극복의 이중 과제는 동아시아적 차원에서 다시금 변용될 필요가 있다. 그 핵심은 한반도에 통일국가가 출현한다고 하더라도 그 국가 질서의 층위는 중국이 표상하는 (동)아시아적 질서라는 상위 질서에 일부로 포함되는 하위 질서 단위여야 한다는 것이다. 이것은 자주성의 약화와 종속성의 심화로 해석되지 않아야 한다. 당연히 장기적인 과제이지만, 또한 동시에 바로 이 시점에서부터 그 가능성을 적극적으로 모색할 필요가 있다.

이미 분단체제론은 강대국으로 표현되는 외부의 강제력과 지배력을 관념적으로 외면하지는 않는다. 특히 미국의 존재를 현실로서 인정하고 강대국에 합당한 미국의 역할을 부여해 주고자 한다는 입장이다. 동아시아적 차원에서 보자면, 동아시아 지역 질서의 최상위 단위와 가장 폭넓게 접촉하는 강대국으로서 거기에 적합한 역할을 부여할 필요가 있다. 이것은 20세기 세계질서 속에서 미국이 해온 역할과는 분명 다른 것이어야 한다. 또한 이러한 합의를 일본 및 ASEAN 국가들과도 합의해 나가고, 이에 따라 중국에 대해 공동으로 책임지면서도 각국의 역할 분담을 정비해 가는 길을 모색할 필요가 있다.

가령 각국이 산업별, 지역별 분담을 전제로 중국과의 관계를 조정할 수 있다는 것이고, 이런 조건을 만들어 나가면서 남북의 국가 형태도 구체화하는 편이 온당할 것이다. 그렇게 중국을 매개로 하면서도 아시아 국가들이 복잡하게 얽혀드는 비非유럽적 지역공동체의 가능성을 찾아야 한다. 반복하지만, 중국을 제외한 다른 국가나 정치 단위들은 중국적 질서의 하위 단위에 해당하는 정치체임을 점차 인정해 가는 것이 전제가 되어야 한다.

4

    백낙청의 분단체제론이 창비 그룹에서 차지하는 비중이 적지 않은 것은 사실이지만, 서두에 언급하였듯이 동아시아론의 대표자는 최원식이다. 담론에도 저작권이 보장된다면 '동아시아론'의 저작권자는 최원식일 것이다. 1993년에 본격적인 동아시아론을 전개하기 10여 년 전부터 동아시아적 시각의 필요성을 제기했던 당사자이기 때문이다. 그러한 온축이 있었기에, 1980년대적 영향이 여전히 짙게 드리워져 있던 1990년대 초, 탈냉전 시대의 좌표를 제시한 빛나는 통찰로서 최원식의 동아시아론이 등장할 수 있었다.

    백낙청과 마찬가지로 최원식에게서도 이른바 '창비적 발상법'—앞서 언급하였듯이 창비적 발상법은 대상 인식의 고착화를 야기하기 쉬운 '실체화'에 대한 생리적 거부감 같은 것—이 느껴진다. 거칠게 요약할 만한 문제는 아니지만, 이러한 인식상의 기본 태도는 최원식의 진술 속에서도 빈번하게 출현한다. 단적으로 최원식이 애용하는 수사적 표현 방식(창비적 수사법?)에, '~은 그것대로 중요하지만, 다른 한편으로 ~에 대해서도 정당한 인식이 필요하다'는 표현이 많은 것도 이런 이유라 생각된다.

수사법에 대응되는 단어는 '복안複眼'이다. "조선왕조의 소국주의를 다시 살피되 그 실패는 엄정히 평가하는 복안이 요청된다"는 진술이 대표적이다. 탈근대론의 급진성과 관련하여 "국가를 불변의 것으로 실체화하거나 또는 '졸'로 보는 편향에서 벗어나"야 한다는 주장, 탈민족주의론에 대한 양가적 평가, "현실의 유명有名과 그 너머의 무명無名" 그 사이에 성공의 길이 있으리라는 예감 등도 그러한 사례들로 들 수 있겠다.

복안의 강조는 가시적 형태를 이루거나 실체적 규정이 초래하는 고착화의 위험을 거부하려는 태도로 보인다. 그래서인가, 선생의 이론적 논의들은 늘 가변적이고 유동적인 성향이 뚜렷하다. 이러한 특성은 한국의 지향 모델이 더 이상 한국 외부에 있지 않고 스스로를 모델로 삼아 자기 매뉴얼을 창출해야 한다는 기본 인식에서 연유한 듯하다.

"서구와 동구, 동아시아식 사회주의와 동아시아식 자본주의 그 어떤 것도 아닌 대안을 모색"하는 과제는, "탈냉전시대라는 세계사적 변화 속에서 우리의 구체적 현실과 부딪치면서 생산될 창조적 모델"을 지시한다. 요컨대, "세계체제의 바깥은 없"으므로 "제3의 길", 즉 "새로운 모델을 우리 사회의 현실에 즉해서 여하히 구성해내는가",

이것을 핵심적 문제로 보기 때문이다. 동아시아론은 이러한 실천적 문제의식에서 연유하였다. 무엇보다 "동아시아는 특수한 지역사가 아니라 세계사의 향방에 관건으로 작용할 가능성을 풍부하게 내포한 세계사적 지역"이고, "그 관건의 중심 중·일과 미·러가 착종한 한반도가 자리하고 있"다는 이유에서이다.

직접 대입할 공식도 없고 해답도 없는 상황이므로, 다시금 "우리의 구체적 현실"과 "우리 사회의 현실에 즉"해서 창출되는 매뉴얼이 절실하다. 그 중핵에 "분단체제의 극복"—"한반도 통일운동"이 있다. "분단체제의 극복을 동아시아론의 기초로 삼"음으로써, 동아시아론은 배타적 지역주의가 아니라 비판적 지역주의로의 정향성을 획득한다. 자연스럽게 자칫 운동성을 상실한 추상적 문명론으로의 경사도 방지된다. 이로 인해 미국 중심의 문명충돌론에 대해서도 비판적 입장을 견지하는 한편, 중국과 일본의 이익에 복무하게 된다는 과도한 우려에 대해서도 자각적 거리를 취하게 된다.

분단체제론이 남북한의 복합국가론과 같은 의미 있는 제안을 내포하고 있음에도 불구하고, 그 실질적 함의를 파악하기 힘들다는 판단에서, 새로운 성격의 국가론을 요청하는 작업도 최원식의 동아시아론이 맡아 나섰

다. 최원식이 제시하는 것은, IMF 사태 직후부터 "소국
주의", "소국주의와 대국주의 내적 긴장", 혹은 "중형국가
론" 등으로 변주되어 등장한다. 소국주의는 "작지만 단단
한 나라"의 추구로서, "민족의 존엄과 민중의 권익이 민
주적으로 지켜지는 나라"를 지향한다. 소국주의의 기저
에는 "한반도 사람으로서의 자각"이 자리한다. 이것은 민
족주의의 이면 즉 대국 지향의 심태를 걷어내는 출발점
으로서 "대륙의 고토 상실"이니 하는 미망 따위에 사로
잡히지 않는다. 대국주의의 반성과 소국주의의 재평가는
결국 지구화와 지방화의 쌍방향에 직면한 "국민국가의
지위 변동에 적극적으로 대응하"기 위해서이다.

소국·대국이라는 용어부터 그렇듯이 최원식의 동아시
아론은 애초부터 국가론과 친화성이 뚜렷하였다. 물론
여기엔 분단체제론이 제안하는 남북한 복합국가론과의
이론적 근친성이 녹아들어 있는 탓이겠다. 그렇지만 근
대 적응과 근대 극복의 이중과제론의 문제의식을 환기한
다면, 근대 국민국가의 억압성과 폭력성을 최대한 제어하
면서도 탈근대 국가론의 비현실성과는 엄정한 거리를 두
는 창조적 혜안이 절실하다. 특히 언제나 폭발을 준비하
고 있는 민족주의라는 인화물이 동아시아 도처에 상존하
고 있고, 동아시아 내부에 서로 경합하는 자국(자민족)중

심주의가 도사리고 있는 실정을 감안하면 더욱 그렇다.

최원식은 동아시아론의 국가주의적 경사라는 문제를 극복하기 위해 "주변의 관점"을 도입한다. 동아시아를 하나의 단위로 인식하는 시각을 견지하는 한편, 동아시아 내부의 불평등 구조에 대해서도 정확하게 인식하겠다는 복안의 도입이다. 대륙 중심, 해양 중심, 한반도 중심의 세 경향에 공통적으로 내장된 자기 중심성의 폐해를 외면하지 않겠다는 의지와 다짐이기도 하다. 이론적으로는 탈민족주의의 발흥에 대한 대응이고, 실천적으로는 교착 상태에 머물고 있는 동아시아 내부의 교류와 소통을 제고하는 방향의 재정립이다. 후술하겠지만, 특히 '이중적 주변론'을 제시하는 백영서와의 공동 노력이 돋보이는 지점이다.

'주변의 관점'이란 무엇보다 한·중·일 등의 중심 국가와는 층위를 달리하는 북한·대만·홍콩·마카오·오키나와 등의 주변적 위치에서 동아시아를 내부적으로 재주변화(再周邊化)하는 방식이다. 이어서 인천·상하이·요코하마 등 도시 간 교류에도 깊은 관심을 표명하는 것도 주변의 관점을 벼리는 훈련을 예비한다. 아울러, 지방 분권화의 안정적 진행도 같은 맥락에서 주요 실천 항목으로 편성된다. 동아시아론이 결국 권력의 집중화 혹은 중심의 권력화와 거리를 두는 데서 그 실천적 의의를 확보해야 한다는 뜻이겠다.

'주변의 관점'이 환기하는 윤리적(?) 효과는 긍정적이다. 그렇지만 다른 한편으로 과연 탈근대론적 문제의식의 도입이 한국 동아시아론과 생산적으로 결합할 것인지에 대해서는 적잖은 의문이 든다. 중심-반주변-주변 사이에 존재하는 '억압 이양의 무한 연쇄 구조'를 작용 중지시키는 실질적 장치가 무엇인지도 의문이지만, 소국주의의 의의마저 더욱 모호하게 만드는 요소로 작용할 가능성이 높다는 게 더 큰 우려이다. 다른 무엇보다 최원식의 동아시아론의 핵심에 자리하는 한반도 분단(통일) 문제와 그다지 친연성이 뚜렷하지 않아 보이기 때문이다.

최근에 최원식이 제시한 소위 "중형국가론"을 보자면 '주변의 관점'으로의 이론적 경사가 약화된 듯도 하다. "소국주의를 멀리 내다보며 대국과 소국이 함께 모이는 중형국가로 현재 한국의 위치를 조정하는 집합적 슬기"를 강조하며, "소국주의의 고갱이를 중형국가론에 접목하는 작업과 함께 우리 안의 대국주의를 냉철히 의식"해야 한다는 중형국가론에서 '주변'의 관점을 손쉽게 확인하기는 어렵기 때문이다. 중형국가론은 분명 한반도 국가론으로서 "통일론의 향방"이다. 중형국가의 소小한국주의는 남북의 "느슨한 연방 또는 국가연합이 통일의 최종적 단계라도 무방하다"는 입장이다. "민족주의의 충돌을 근본에서 억지하는 소국주의를 평화의 약속으로 회상하면서 대국 또는 대국주의의 파경적 충돌을 완충하는 중형국가의 역할"을 한국이 다짐하는 과제야말로, 동아시아의 평화체제 구축은 물론이고 동북아와 미국의 화해 그리고 '북조선'의 활로 개척에 필수적이다.

최원식의 동아시아론이 탈냉전시대 한국(한반도)의 존재론적 재구성을 위해 애쓴 노력은 실로 지대하다. 그 보람도 적지 않다. 소국-대국(주의)이라는 개념을 통해 전개한 국가론도 흥미롭고 창의적이다. 그렇지만, 가장 큰 의문은 왜 소국주의인가, 즉 소국(주의)이 도출되는 경과에 대한 설명이 없다는 점이다. 최원식의 논의를 가만히 듣다보면, 소국주의는 새로이 선택·구성해야 하는 이념적 지향 같기도 하다. 그런 점에서 탈냉전의 시대적 조건에 창발적으로 대응하는 방식으로 이해되기도 한다. 반면에 한국의 역사 속에서 소국주의적 전통이 존재하고 있다는 설명도 있으니, 소국주의는 한국 역사의 내재적 이념으로 보이기도 한다. 그렇지만 "소국주의와 대국주의의 내적 긴장"이나 "대국과 소국이 함께 모이는 중형국가"라는 표현을 상기하면, 소국주의는 복안의 태도를 견지하기 위한 이론적 장치 같기도 하다. 요컨대 소국주의가 선택의 방편인지 내적 원리인지가 애매모호하다는 것이다.

만약 한반도인으로서의 자각을 바탕으로 분단체제 극복을 핵심 목표로 하는 이중과제론과 동아시아론이 분리될 수 없는 것이라면, 소국주의는 선택적 이념이라기보다는 한국의 역사적 경험 속에 필연적으로 내재하는 원리로 전제되어야 한다. 동아시아론이라면, 한국의 소국주의가 동아시아적 조건 속에서 규정받는 역학 구조의 내부화 방식으로 인식할 필요가 있다. 요컨대 동아시아적 조건의 한반도적 규정이 소국주의적 원리를 내재화한 것이다. 물론 소국주의는 방편으로 선택되어 온 원리이지만 동시에 내재적 원리로서 한반도의 역사에 잠류하고 있었다고 볼 필요가 있다. 하지만 그 원리는 추상적 도그마가 아니라 늘 변화하는 조건 속에서 새롭게 발견·재해석되고, 그 결과가 한국의 역사를 향해 다시 인식론적으로 피드백되는 선순환적 구조로 운동한다.

앞서 지나가듯 말한 '창비적 발상법'의 근간이 있다면 이런 것이 아닌가 추측한다. 최원식 또한 추상화된 이론적 법칙에 근거한 연역론이나 환원주의에 강한 거부감을 표하곤 한다. 그럼에도 불구하고 어떤 추상화 가능한 원리를 반드시 완전히 부정해야 하는 것도 아니다. '창비적 발상법'의 산물인, 남한과 분단체제, 과학과 지혜, 운동노선과 중도주의 등의 조합에서 짐작할 수 있듯이, 실체적 대상은 늘 그 대상을 포함하면서도 그 대상을 초과하는 사회역사적 조건으로부터 분리해서는 안 된다는 입장을 견지한다. 최원식의 회통會通론이 가능한 것도 은연중에 바로 그러한 조건과 맥락을 기저에 두고 있기 때문일 것이다.

이런 맥락에서 소국주의는 좀더 풍부하게 재해석될 여지가 있다. 소국주의는 어떤 조건에서 선택되거나 체화되는가. 단적으로 주체(국가) 내적인 의지와 힘을 초월하는 더 큰 외부적 요인과 힘에 의해 주체의 삶이 결정되는 상황일 때, 혹은 주체가 통제할 수 없는 외적 조건에 의해 주체가 규정되는 상황일 때, 그 주체는 외적 변수에 가장 능동적으로 대처 가능한 방식을 선택하게 될 것이다. 그 주체는 명확한 실체로서 자기 자신을 주장하기보다 가급적 가변적이고 유동적인 탄력성의 구조를 지향할 수밖에 없을 것이다. 달리 말해, 통제 가능한 내적 변수에 비해 외적 규정력이 내부의 힘을 초과할 때, 그럼에도 불구하고 독자성과 자립성을 유지하는 경로는 무엇인가. 그것은 어떻게 확인 가능한가.

동아시아론은 바로 그러한 외적 규정력을 동아시아적

조건 속에서 찾아야 한다. 지난 수 세기 장기 지속의 역사 속에서 중국(및 북방민족)으로 대표되는 막대한 규정력 속에서 한반도 정치체가 스스로 선택하고 실현한 원리가 소국주의라고 이해하는 편이 적절하다. 조선 건국은 소국주의를 공식적으로 천명한 역사적 사건이다. 소국이 스스로를 소국적 원리에 따라 자기정립해 가는 방향성의 이름이 소국주의이다. 결론적으로 한국의 역사적 경험 그 자체가 그 실제 사례이다. 즉 많은 문제와 복잡성에도 불구하고, 상대적 자립성과 독자성을 유지하고 있는 현재적 결과가 그것을 보증한다. 그러므로 한국이 이제는 자기 스스로를 매뉴얼화할 시점인 것이다. 그 내재적 원리의 하나가 소국주의라면 소국주의는 현재적 상황 속에서 선택 대상이면서 동시에 자기 내부로부터 발견되어야 할 원리이다. 역사적 경험 속에서 발견된 소국주의에 근거해 현재의 방향성을 정립하면 된다. 이것이 '한국적 헌정憲政'일 것이다.

이른바 '주변의 관점' 또한 소국주의에 내재적인 것으로 인식되어야 한다. 중형국가 혹은 복합국가는 소국주의와 대국주의의 긴장이나 대국과 소국의 공존으로 해석되면 문제가 더 복잡해진다. 오히려 중형국가(복합국가)가 바로 21세기형 소국주의적 국가상이라고 하는 편이 타당하다. 한국의 소국주의란 외부적 조건을 최적화 방식으로 내재화하는 것을 목표로 하므로, 그 소국주의란 기본적으로 대국(주의)을 내재화하고 있기 때문이다. 최원식의 논의는 은연중에 소국이든 대국이든 동일 평면상에 존재하는 운동성으로 이해하고 있는 듯하지만, 이런 점에서 동아시아적 질서를 층위를 달리 하는 위계적 구조로 재인식할 필요가 있다. 여기서 위계적 구조란 가치 판단 차원이 아니라 존재론적 위상에 가깝다. 단적으로 소국은 대국 바깥에 있기만 한 것이 아니라, 대국적 질서에 일부로 참여하는 내부적 위상도 함께 지니기 때문이다. 따라서 그 역학의 구조는 위계화될 수밖에 없다.

이러한 존재론적 위계화 구도가 가능해야, 한국이 중국적 질서에 내재적일 수 있는 여지가 생긴다. 공동 안보 체제나 북한 문제가 실질적으로 이행되기 위해서도 필요한 일이다. 나아가 이른바 '주변의 관점' 또한 소국주의에 내재적 관련을 획득할 수 있다. 홍콩·마카오·대만·오키나와(유구) 등이 한반도 중형국가(복합국가)에 내재적인 관계로 정립되기 위해서도 존재론적 위계화가 절실하다. 탈근대론적 억압-이양의 연쇄라는 논리에 의존하지 않고도, 소국보다 작은 단위의 정치체가 중형국가 내부에 독자적인 위상을 지닐 수 있을 것이다. 이러할 때야만이 한국(한반도)에 동아시아가 내재화될 수 있다. 개인적인 소견으로, 동아시아론의 궁극적 목적은 한국에 동아시아를 내재화하는 데 있다고 보기 때문이다.

이러하다면 이제 한국의 역사 전개 자체를 소국주의적 원리에 입각하여 일관되이 해석할 필요가 있다. 가령 최원식이 예로 든 식민지 시기나 박정희 시대 등 또한 표면적으로는 근대 국가의 대국주의적 국가 이념을 표방하였지만 실제 한국사회의 내적 시스템이나 동학은 소국주의적 균형 상태를 지향하는 방식으로 자기 구조화를 진행하였다고 볼 수 있다. 이 구조 속에서 이른바 '주변의 관점'으로 포착될 만한 요소들, 즉 반反중심주의 혹은 반反집중화 현상이 동시적으로 발생되었다고 보는 편이 자연스럽다. 소국주의의 원리상 일원화된 동질 구조로 귀결되기 어려울뿐더러, 소국주의 자체가 막대한 외부적 규정력을 전제한 다음에 선택적으로 실현되는 것이기 때문이다.

5

백낙청의 분단체제론과 최원식의 동아시아론의 기본 전제를 공유하면서 실질적으로 동아시아론을 지속적으로 전개해 온 사람은 백영서白永瑞이다. 동아시아와 관련된 한국의 다양한 활동에 두루 개입하면서 동아시아적 시각의 갱신과 확산에 누구보다 진력하고 있다. 창비의 이론적 대표자가 백낙청이라고 해도 동아시아론에서만큼은 백영서의 활동이 눈부시다. 특히 근자에 세계사적 차원, 동아시아적 차원, 한반도적 차원에서 자신의 작업을 다시금 정리하고 있어 주목할 필요가 있다.

동아시아론과 관련하여 백영서가 제시한 이론 가운데 하나가 '이중적 주변의 시각'이다. 이중적 주변이란, 세계사적 차원에서 주변 지역에 위치한 동아시아라는 시각에다가, 동아시아 지역 내부에 다양하게 존재하는 중심-주변을 바라보는 시각을 결합한다는 뜻이다. 중심-주변의 관계는 상대적이지만 서로 무한한 연쇄를 만들어내면서 그 관계를 통해 동시에 억압을 이양하는 것을 함의한다. 이러한 무한연쇄의 관계 속에서 이중적 주변의 시각을 지닌다는 것은, 중심으로부터 차별당하는 주변이면서 때론 한층 더 주변적인 곳을 억압하는 중심으로 기능하는 권력 구조에 자각적으로 대응한다는 것이다. 이로부터 주변이 스스로를 특권화하는 태도마저도 비판적으로 해소할 수 있다고 강조한다.

백영서의 '이중적 주변'은 무엇보다 한국의 동아시아 담론이 자기 중심성을 강화하는 데 기여하는 것은 아닌가

하는 우려를 불식시키기 위한 것으로 보인다. 아울러 스스로를 특권화하는 다양한 연대론에 내포된 부정적 요소를 비판하기 위한 의도이기도 할 것이다. 이중적 주변은 결국 중심의 권력화 현상을 비판함으로써 탈중심의 효과를 지향한다. 탈근대 이론의 문제의식을 부분적으로 수용하는 태도로 보인다. 그렇지만 중심-주변의 구획이 과연 정당한 것인지, 그리고 그 귀결처가 '탈중심'인 것이 적절한지에 대해서는 의문이 든다.

탈중심이라는 용어에서 잘 드러나듯이 이것은 굳이 동아시아라는 지역적 제한을 둘 필요가 없다. 이런 발상의 근저에는 세계 질서를 구성하는 중심-주변의 권력 관계가 동질적 평면 위에서 구성된다는 인식이 은연중에 깔려 있다. 중심의 위치에서 구성되는 시각과 주변의 위치에서 구성되는 시각이 교환 가능하다는 인식이 전제되어 있다. 그렇지만 주변의 위치에서 맺는 중심과의 관계와, 중심의 위치에서 주변과 맺는 관계가 과연 동질적인지 의문이다.

이중적 주변이 억압 이양의 연쇄 구조를 문제 삼는다고 하더라도, 그 현실적 모습은 포착하기 쉽지 않다. 가령 주변의 위치에서 억압당하는 '주체'가 중심에 저항하는 문제와, 그 '주체'가 중심이 되어 부지불식간에 억압하고 있는 더 약한 주변에 대한 억압 이양의 연쇄를 끊는다는 문제가 동질적이지는 않다. 자신이 동참하고 있는 억압 구조를 해소하려면 주변에 대한 억압을 인정해야 할 터인데, 그러한 인정은 피억압자에 대한 보상 문제를 낳기 마련이다. 나아가 피억압자에게 윤리적 정당성마저도 제공해 줄 수 있다. 그럴 경우, 억압 이양의 구조는 해소되기보다 지속적으로 유지되기 쉽다.

이중적 주변이 억압과 차별을 이양하는 중심-주변의 무한연쇄 구조로 볼 때, 그 속에서 '주체'는 중심이면서 동시에 주변이 된다. 그렇지만 억압 이양의 구조에서 가치론적 정당성은 언제나 피억압자에게 있기 마련이므로, 주변으로서의 정당성과 가치를 적극적으로 실현하는 일이 무엇보다 중요하다. 백영서는 다케우치 요시미竹內好의 '아시아적 저항' 개념을 원용하여 자신의 '이중적 주변'과의 유사성을 지적하는데, 이것은 재론의 여지가 있다. 중심-주변의 무한 연쇄 관계에서 발화의 자격 문제가 개입하기 때문이다. 억압자는, 설령 자신을 억압하는 다른 중심과의 관계에서는 피억압자라고 하더라도, 자신과 직접적인 억압-피억압 관계에 있는 주체에게 중심-주변의 무한연쇄를 발화하기 어렵다. 피억압자보다 억압자가 먼저 발화하면 그것은 억압 구조를 정당화하는 효과로 수용되기 때문이다.

그러므로 억압자로서는 자신을 억압하는 더 강한 중심을 향해 저항하는 것으로써만 정당성의 근거를 찾을 수 있다. 또한 동시에 그러한 저항의 과정을 통해 획득하게 되는 정당성을 또 다른 기득권으로 활용하는 것을 포기해야만 한다. 그런 점에서 다케우치의 저항 개념은 이중적이다. 더 강한 중심을 향해 저항하는 것이 1차적 저항이라면, 그 저항의 과정에서 얻는 모든 것 또한 억압-이양 구조의 부산물이라는 점을 철저히 인식하고 그마저도 부정하는 2차적 저항이 함께 실천되어야 한다는 것이다. 그것이 백영서가 인용한 다케우치의 저항 개념이고, 그래서 철저한 자기 부정을 뜻하는 것이다. 탈중심은 이런 경로를 통해서만 가능하다고 생각된다.

저항의 개념을 좀 더 탄력적으로 원용한다면, 동아시아를 구성하는 다양한 층위의 정치체가 스스로를 포함하는 상위 질서와의 관계 속에서 자신의 존재방식을 설정하고자 할 때야만이 배타적이고 독점적인 자기 정당화의 논리가 해소될 수 있다는 뜻이다. 정말 억압-이양의 연쇄 구조가 존재한다면, 그 구조의 해소는 연쇄의 중간 항이 자기 부정의 계기를 내포함으로써만 가능하다. 거듭 강조하지만, 이러한 발상은 동아시아 질서를 동질 평면 위에서 검토하는 방식을 통해서는 실현되기 어렵다. 동아시아 질서를 구성하는 여러 층위의 단위를 설정하고, 그 위계화된 구조(가치론적 위계화는 아님) 속에서 새로운 상호 관계를 모색하는 실험이 진행되어야 적응과 극복의 이중과제를 실현할 수 있는 경험이 축적될 것이라 믿는다.

백영서는 이미 10여 년 전부터 동아시아 지역 공동체에 대한 구상을 제기하였다. 그것을 "지적 실험으로서의 동아시아"라고 불렀다. 그동안의 다양하고 세부적인 경험들이 좀더 풍부하게 포함되었을 뿐, 백영서의 기본 인식은 2008년에 발표된 「동아시아론과 근대적응·근대극복의 이중과제」에서도 여전히 지속되고 있다. 다만, 한반도의 복합국가론이 구상하는 규모와 중국·대만·홍콩이 포함되는 1국가 3체제 등이 서로 층위를 달리 하는 구조라는 점은 다시 한 번 거론할 필요가 있겠다. 이 문제는 결국 창비의 분단체제론과 동아시아론이 서로 겹치면서도 어긋나는 묘한 부조화를 암시한다는 점에서 중요하다.

단적으로 한반도 단위의 논의는 대만·홍콩의 문제와 동일시되기 어렵다. 현실적으로 규모와 힘의 불균형을 초래하기 때문이다. 백영서가 '이중적 주변의 시각'을 강조하는 이유도 한반도 중심적 발상이 억압성을 양산할 가능성이 높다는 데 있다. 이러할 때 한반도 복합국가를 구상하고 수립해가는 주체의 시각을 어느 층위에 둘 것인가 토론되어야 마땅하다. 한반도적 차원에서 기준을 둘 것인지, (동)아시아적 차원에서 해법을 마련할 것인지에 따라 복합국가의 실험은 전혀 다른 형태를 나타낼 것이다.

그 본래 의도가 어떻든 한반도적 층위에 기준을 두면, 백영서 스스로가 주장했듯이 (한)민족공동체가 실질적 주체로 규정될 것이다. 그렇게 되면 결과적으로 대만·홍콩 등과 같은 정치체가 한반도 내부에 공존할 수 있는 가능성은 희박해진다. 북한 핵 문제 처리를 두고 구성되는 '6자 회담'의 틀 속에 대만이나 홍콩 층위의 시선이 개입하기 어렵다는 데서 전형적으로 드러난다. 그렇다면 한반도 복합국가 구상은 동아시아적 시각에 따라 재조정될 필요가 있다. 여기서 말하는 '동아시아적 시각'이란 현존하고 있는 동아시아적 질서의 위계적 구조를 인정하고 그 다양한 층위들의 복합 구조에 근거해 한반도 복합국가 구상을 전개하는 일이 될 것이다. 한편으로 한반도 및 한국적 규모와 단위에 미치지 못하는 작은 정치체들이 한반도 내부에 공존할 수 있는 가능성을 실험하는 일이면서, 동시에 한반도 또한 아무래도 중국이 중심적 역할을 할 수밖에 없는 상위 단위(동아시아 지역공동체)에 포함되는 하위 단위로 자신의 위상을 규정하는 실험이다.

한반도의 복합국가 구상을 동아시아적 시각으로 재인
식한다는 것은, 이처럼 내부적으로 하위 단위를 내포하
는 문제와 더불어 동아시아라는 상위 단위 속에서 한국
(한반도)의 국가체제를 이중적으로 인식하는 작업이어야
한다. 결과적으로 현존하고 있는 동아시아적 질서를 그
자체로 인정하면서도 그것을 재구성하는 '지적 실험'이고,
이 과정에서 한국은 긍정적 의미에서 '자기 부정의 계기'
를 내포하게 된다. 앞서 보았듯이, '이중적 주변의 시각'이
다케우치(루쉰)적 저항과 동일한 것이라면, 그것은 한국
이 동아시아라는 더 넓은 층위와의 관계 속에서 자기 부
정의 계기를 실현하는 것을 뜻한다. 이 과정에서 대만·홍
콩과 같은 층위의 타자를 자기 내부에서 발견할 수 있을
것이다.

이러하다면, 창비의 분단체제론과 동아시아론은 어디
에 초점을 두느냐에 따라 전혀 다른 방향을 선택할 수도
있고, 때로 상충의 가능성마저도 높아 보인다. 아직은 그
균열이 현실화될만한 상황이 아닌 듯하지만, 그렇다고 결
합력이 아주 높다고 하기도 힘들다. 필자 개인으로서는
남북 복합국가 구상이 동아시아적 차원에서 재검토될 때
야만이 그 현실적 의의를 최대화할 수 있다고 보지만, 그

것은 자칫 창비의 정체성을 부정하는 듯한 결과를 낳을
수도 있겠다.

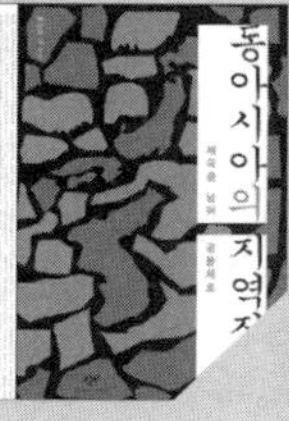

• 최원식, 『제국 이후의 동아시아』, 창비, 2009 •

탈냉전의 시대를 맞아 '동아시아적 시각'의 긴요성을 주도적으로 제기한 저자의
논의들이 집약된 책이다. 저자 개인의 지적 역정 속에서 동아시아 담론의 의의를
짐작할 수 있을 뿐만 아니라, 계간지 『창작과비평』을 중심으로 전개되어 온 한
국 동아시아 담론의 전체적 방향과 기본 시각을 이해하는 데에 길잡이가 된다.

• 조동일, 『동아시아문명론』, 지식산업사, 2010 •

한국을 대표하는 한국문학 연구자인 저자가 그간 정력적으로 연구해 온 성과
를 바탕으로, 차츰 도래하는 '동아시아의 시대'를 대비하기 위해 그 '동아시아
문명론'의 기본방향을 정리한 저술이다. 강연 원고를 바탕으로 씌어진 저술이
라 전문적인 학술서적이 주는 부담도 덜해 도움이 된다.

• 임지현·이성시 엮음, 『국사의 신화를 넘어서』, 휴머니스트, 2004 •

근대 국민국가의 형성과정에서 등장한 '국사'의 근대주의와 민족주의적 한계
를 비판적으로 검토하는 논의들이 수록된 책이다. 민족주의, 식민주의, 근대주
의에 대한 발본적 비판을 겨냥하는 과정에 동아시아적 시각과 인식이 중요한
역할을 담당한 사정을 확인할 수 있게 해 준다.

• 백영서 외, 『동아시아의 지역 질서』, 창비, 2005 •

한국적 동아시아의 시각에서 동아시아 지역질서의 형성과 재편 과정을 보여
주는 저술이다. 시기적으로 17세기에서 21세기 현재에 이르기까지 동아시아
지역질서의 다양한 양상이 담겨져 있다. 무엇보다 백영서가 '총론'에서 제기한
'주변의 시각'은 여전히 현재적 의미를 지니고 있어 재삼 음미할 만하다.

• 요네타니 마사후미, 『아시아/일본』, 조은미 옮김, 그린비, 2010 •

일본의 근대사 연구자인 저자가 자신 및 일본 학계의 연구 성과를 바탕으로 저
술한 책이다. 기존의 관습적인 일본근대사 서술 방식을 벗어나, 일본 내부의
변동은 늘 (동)아시아 지역의 상호 관계와 분리되지 않는다는 인식을 출발점으

로 삼고 있다. 동아시아 지역의 연대-침략의 이중성이 왜 발생하고 그 의미는 무엇인지 주요 국면마다 친절하면서도 상세하게 설명하고 있다.